중소기업
임원 보수와 퇴직금 규정
작성매뉴얼

강 석 원

KO FE 코페하우스

개정판을 내면서

이 책은 저자가 1992년부터 700여 상장회사와 중소기업 법인의 임원 보수와 제 규정을 작성과 교육, 컨설팅 등을 하면서 쌓은 경험과 지식을 바탕으로 가장 현실적인 중소기업 법인의 임원 보수 제 규정을 작성하는 필요한 실무지침서로 사용할 수 있도록 저술하였다.

최근 대법원은 회사의 이사인 주주는 주주총회의 이사의 보수한도 승인 안건에 대한 특별이해관계인에 해당하여 의결권 행사가 제한되므로 해당 주주가 의결권을 행사한 주주총회 결의는 위법하여 취소한다는 원심을 확정하였다.

이사 겸 주주가 대다수인 중소기업 법인은 이에 대비하여 임원의 보수한도를 결정하여야 한다. 또한, 구체적인 지급기준이 없이 지급하는 임원의 보수는 반환 및 손금불산입 처분 대상이라는 판례와 행정해석이 계속됨에 따라 이에 대비하여 지급규정을 작성하여야 한다.

이 책은 관계 법령과 판례, 상사자치법 등에 의하여 임원의 포괄보수와 개별보수의 결정과 임원 보수의 구체적인 지급기준을 명확히 설정하여 임원 보수 제 규정을 작성하는 데 중점을 두고 다음과 같이 저술하였다.

첫째, 〈임원과 임원 보수의 범위와 이해〉를 설명하였다. 임원 보수의 결정과 지급규정 제정에 필수인 임원의 구분과 범위, 임원 보수의 종류와 범위를 명확하게 설명하였다.

둘째, 〈임원의 보수한도 결정서 작성과 제정〉의 목적과 필요성을 설명하였다. 임원 보수의 결정은 법정 사항으로 결정기관의 결정 없이 임원에게 보수를 지급할 수 없다. 임원 보수는 정관에 규정하거나 주주총회 또는 이사회의 결의로 결정한다. 이사·감사·집행임원·비등기임원의 보수결정 기준과 결의서 작성 방법을 사례와 예시를 두어 설명하였다.

셋째, 〈임원 급여의 임원보수규정 작성과 제정〉의 목적과 필요성을 설명하였다. 임원 급여의 법정 급여지급기준과 손비기준 등 유의사항, 월급제·호봉제·포괄연봉제·성과연봉제 등 임원 급여 종류별 임원보수규정의 설계와 작성, 결의와 제정 방법 등을 사례와 예시를 두어 설명하였다.

넷째, 〈중소기업 임원상여금규정 작성과 제정〉의 목적과 필요성을 설명하였다. 임원상여금의 법정 급여지급기준과 손비기준과 지급의 유의사항, 정기상여금·특별상여금·실적성과급·경영성과급 등 임원상여금의 종류별 임원상여금규정의 설계와 작성, 결의와 제정 방법 등을 사례와 예시를 두어 설명하였다.

다섯째, 〈중소기업 임원퇴직금규정 작성과 제정〉의 목적과 필요성을 설명하였다. 임원퇴직금의 법정 급여지급기준과 손비기준과 지급의 유의사항, 동일률·복수률·직위별·근속기간별 등 임원 퇴직금 지급률 종류별 임원퇴직금규정의 설계와 작성, 결의와 제정 방법 등을 사례와 예시를 두어 설명하였다.

여섯째, 〈임원퇴직위로금규정 작성과 제정〉의 목적과 필요성을 설명하였다. 임원의 퇴직위로금 지급 대상과 지급률, 손비기준과 지급의 유의사항, 임원퇴직위로금규정의 설계와 작성, 결의와 제정 방법 등을 사례와 예시를 두어 설명하였다.

끝으로 각 중소기업 법인에 적합한 맞춤 규정으로 작성하기에는 여러모로 부족하지만, 중소기업 임원의 보수한도 결정과 개별보수 지급 규정의 작성에 표준을 제시하고자 노력하였다. 앞으로 독자의 제안과 충고를 겸허히 수용하여 더 나은 내용으로 보답하고자 한다.

끝으로 이 책이 중소기업 법인 등의 임원 보수 제 규정을 작성하는 데 조금이라도 도움이 된다면 저자로서 더할 수 없는 보람이겠습니다.

KOFE 임원보수규정센터

강 석 원

3장   임원 급여의 보수규정 작성과 제정

4장   **중소기업 임원상여금규정 작성과 제정**

5장   중소기업 임원퇴직금규정 작성과 제정

찾 아 보 기

줄 인 글

약어	풀이	약어	풀이
상법§12①1	상법 제12조제1항제1호	상법§12;1	상법 제12조제1호
상법영§12①1	상법시행령제12조제1항제1호	상법영§12;1	상법시행령제12조제1호
상법칙§12①1	상법시행규칙 제12조제1항제1호	상법칙§12;1	상법시행칙제12조제1호
민법§12①1	민법 제12조제1항제1호	민법§123;1	민법 제12조제1호
법인§12①1	법인세법 제12조제1항제1호	법인§123;1	법인세법 제12조제1호
법영§12①1	법인세법시행령 제12조제1항제1호	법영§12;1	법인세법시행령 제12조제1호
소득§12①1	소득세법 제12조제1항제1호	소득§12;1	소득세법 제12조제1호
소득영§12①1	소득세법시행령 제12조제1항제1호	소득영§12;1	소득세법시행령 제12조제1호
근기§12①1	근로기준법 제12조제1항제1호	근기§12;1	근로기준법 제12조제1호
퇴직§12①1	퇴직급여법 제12조제1항제1호	퇴직§12;1	퇴직급여법 제12조제1호
벤처§12①1	벤처기업법 제12조제1항제1호	벤처§12;1	벤처기업법 제12조제1호
자본§12①1	자본시장법 제12조제1항제1호	자본§12;1	자본시장법 제12조제1호
외감법§12①1	외부감사법 제12조제1항제1호	외감법§12;1	외부감사법 제12조제1호
외감영§12①1	외부감사법시행령제12조제1항제1호	외감영§12;1	외부감사법시행령 제12조제1호

1장

임원과 임원 보수의
범위와 이해

1장은

임원과 임원 보수의 범위에 대하여 명확히 한다.

- 임원의 범위와 이해
- 임원 보수의 범위와 이해

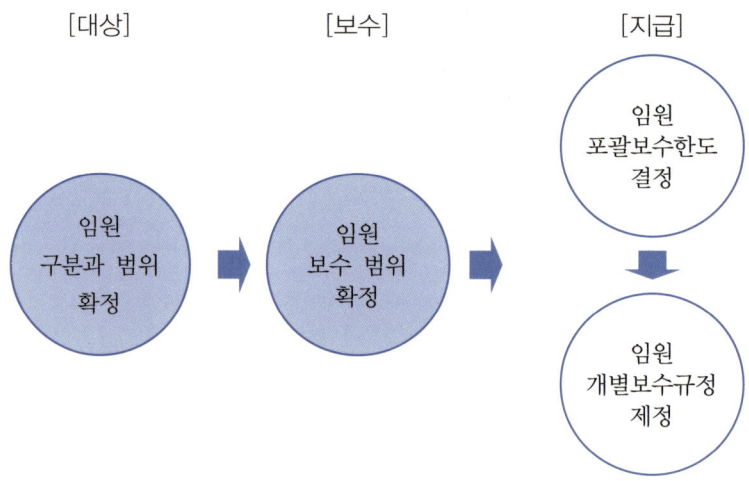

1절 임원의 범위와 이해

① 민법상 회사와 임원의 관계

❯ 민법상 수임인(임원)의 개요

민법은 「임원」에 관하여 정함이 없다. 다만, 상법은 회사와 이사와의 관계는 민법의 위임에 관한 규정을 준용한다(상법§388②)고 규정하고 있다.

주식회사는 주주총회에서 이사 또는 감사를 선임하고 선임 된 이사 또는 감사는 「취임승낙서」를 제출하여 취임을 승낙함으로써 민법상 위임의 관계가 성립된다.

민법은 위임의 정의를 당사자 일방이 상대방에 대하여 사무의 처리를 위탁하고 상대방이 이를 승낙함으로써 그 효력이 생긴다(민법§680)고 규정하고 있다.

《 민법상 수임인(임원)의 범위 》

구분	계약의 종류	법규
민법상 수인인(임원)	• 주주총회의 결의로 선임한 이사, 감사로 취임한 수임인 • 총회 및 이사회의 결의로 선임한 집행임원, 비등기임원으로 취임한 수임인	민법 제680조

❖ 임원의 위임계약

민법상 회사(위임인)와 임원(수임인)은 위임의 관계이며, 원칙적으로 민법 제680조의 위임계약의 당사자이다.

《 임원의 계약 요건》

구분	계약의 종류	비고
임원의 계약	• 위임계약	• 근로계약 (×) • 도급계약 (×)

🔵 임원(수임인)의 수임 의무

💠 임원의 성실의무

임원은 회사로부터 위임받은 직무를 수행함에 있어, 회사의 이익을 위하여 통상적인 경영자로서 요구되는 정도의 주의와 판단력을 가지고 직무를 집행하여야 한다(민법§681).

또한, 임원은 회사가 위임한 직무를 스스로 수행하여야 하며, 회사의 사전 승낙이 있거나 불가피한 사정이 있는 경우를 제외하고는, 해당 직무를 제3자에게 위임하거나 대리 수행하게 할 수 없다(민법§682)..

💠 임원의 보고의무

임원은 회사의 요청이 있는 경우, 자신에게 위임된 직무의 수행 경과와 처리 현황을 회사에 성실히 보고하여야 하며, 임원의 위임관계가 종료된 경우에는 지체 없이 그동안의 직무 수행 전반에 대하여 회사에 보고하여야 한다(민법§683).

이는 임원이 회사의 사무를 독립적으로 수행하더라도, 그 결과와 경과에 대해서는 회사에 대한 설명·보고 책임을 부담한다는 의미로, 이사회 보고의무, 업무인수인계 의무, 책임 귀속 판단의 기준이 된다.

💠 취득자산 등의 회사 귀속 의무

임원은 위임된 직무수행과 관련하여 취득한 일체의 물건 및 권리를 회사에 귀속시켜야 하며, 회사의 이익을 위하여 자기 명의로 취득한 권리에 대하여도 회사에 이전할 의무를 부담한다(민법§684).

《 임원(수임인)의 수임 의무 》

구분	계약의 종류	비고
임원의 의무	• 성실의무(선관주의의무) • 보고의무 • 취득자산의 회사귀속 의무	민법§681~2 민법§683 민법§684

🔄 회사(위임인)의 위임 의무

❖ 청구 비용의 지급 의무

임원이 회사의 업무를 처리하기 위하여 사전에 비용 지출이 불가피한 경우에는, 임원이 이를 청구하면 회사는 해당 업무 수행에 필요한 비용을 선지급하여야 한다(민법§687).

❖ 손해배상의 의무

임원이 회사의 업무를 처리하기 위하여 직무를 수행하던 중, 임원 본인의 고의나 과실이 없음에도 불구하고 재산상 손해를 입은 경우에는, 그 손해는 회사의 업무 수행 과정에서 발생한 것이므로 회사는 이를 배상하여야 한다(민법§688 ③).

❖ 임원 보수의 지급 의무

회사와 임원의 관계에서는 임원의 선임에 관한 정관 규정, 주주총회 또는 이사회 결의, 임원보수규정 등이 임원에 대한 보수 약정의 근거가 되며, 이러한 사전적·명시적 근거가 있는 경우에 한하여 회사의 보수 지급의무가 성립한다(민법§686②).

《 회사(위임인)의 위임 의무 》

구분	계약의 종류	비고
임원의 의무	• 비용지급의무(수임인 업무) • 손해배상의무 • 수임인 보수의 지급의무	민법§687 민법§683 민법§684

❷ 상법상 임원의 범위

《 주식회사 임원의 구분 등 》

구분		선임	관련 법규
등기임원	이사	주주총회	상법§382
	감사	주주총회	상법§409
	집행임원	이사회 등	상법§408의2
비등기임원		이사회 등	-

1) 주식회사 「이사」

◉ 이사의 구분

주식회사의 이사는 주주총회에서 구분하여 선임하고, 대표이사는 사내이사 중에서 이사회 또는 주주총회의 결의로 선임하고, 이사와 대표이사는 선임일로부터 2주 이내에 회사의 법인등기부 임원에 관한 사항에 구분하여 등기한다.

《 주식회사 이사의 구분 등 》

구분		임기	대표이사	연임
이사	사내이사	3년	○	○
	사외이사(독립이사)*	2년	×	6년(9년)
	기타비상무이사	3년	×	○

※ *2027.7.1.부터 적용, ○(가능), ×(불가)

◈ 사내이사

주식회사의 사내이사는 주주총회에서 선임하여 회사의 법인등기부에 임원으로 등기한 이사로 이사회 구성원이다. 사내이사는 상근하여 상무에 종사하는 이사로 대표이사로 선임할 수 있다. (상법§382, §385§317②8)

- 선임 및 해임 : 주주총회
- 임기 : 3년 이내
- 연임 : 가능, 제한 없음

- 대표이사 : 선임 가능

사외이사(독립이사)

주식회사 사외이사는 주주총회에서 선임하여 회사의 법인등기부에 임원으로 등기한 이사로 이사회 구성원이다. 사외이사는 상근 및 상무에 종사하지 아니하고, 이사회에 출석하여 의결에 참여한다. 사외이사는 2026.7.1.부터 독립이사로 적용하고, 2027.1.1.부터 의무비율을 3분의 1 이상으로 적용한다. (상법§382, §317②8, §385)

- 선임 및 해임 : 주주총회
- 임기 : 2년 이내
- 연임 : 최장 6년 이내 또는 계열사 포함 9년 이내
- 대표이사 : 선임 불가

기타비상무이사

주식회사 기타비상무이사는 주주총회에서 선임하여 회사의 법인등기부에 임원으로 등기한 이사로 이사회 구성원이다. 기타비상무이사는 대표이사로 선임할 수 없으며, 이사회에 출석하여 의결에 참여한다. (상법§382, §317②8)

- 선임 및 해임 : 주주총회
- 임기 : 3년 이내
- 연임 : 가능, 제한 없음
- 대표이사 : 선임 불가

대표이사

대표이사는 이사회 또는 주주총회에서 선임하여 회사의 법인등기부에 대표이사로 등기한 이사로 주주총회의 구성원이다. 대표이사는 상근 및 상무에 종사하는 사내이사 중에서 선임하여야 한다. (상법§383, §385, §389, §391)

- 선임 및 해임 : 이사회 또는 주주총회
- 임기 : 3년 이내
- 연임 : 가능, 제한 없음

🔁 이사와 회사와의 관계

이사와 회사는 민법상 위임에 관한 규정을 준용한다(상법§382②). 민법상 위임관계란 당사자 일방이 상대방에 대하여 사무의 처리를 위탁하고 상대방이 이를 승낙함으로써 그 효력이 생긴다(민법§680).

- 위임 : 민법의 위임규정 적용
- 계약 : 위임(임용)계약
- 보수 : 보수 약정 등이 없으면 무급이 원칙

> **민법** 위임에 관한 규정
>
> 제680조(위임의 의의) 위임은 당사자 일방이 상대방에 대하여 사무의 처리를 위탁하고 상대방이 이를 승낙함으로써 그 효력이 생긴다.
> 제681조(수임인의 선관의무) 수임인은 위임의 본지에 따라 선량한 관리자의 주의로써 위임사무를 처리하여야 한다.
> 제683조(수임인의 보고의무) 수임인은 위임인의 청구가 있는 때에는 위임사무의 처리상황을 보고하고 위임이 종료한 때에는 지체없이 그 전말을 보고하여야 한다.

2) 주식회사 「감사」

🔁 감사의 선임 등

주식회사의 감사는 주주총회에서 선임하여 회사의 법인등기부에 임원으로 등기한다. 감사는 회사 및 자회사의 이사 또는 지배인 기타 사용인의 직무를 겸할 수 없다. (상법§409, §411)

감사는 이사회의 구성원이 아니지만, 이사회에 출석하여 의결 과정을 참관할 수 있으며 의안에 대한 감사 의견을 진술할 수 있다. (상법§391조의2)

자본금 총액이 10억원 미만인 주식회사는 감사를 두지 않을 수 있으며, 다만, 감사를 선임하지 않은 회사는 감사의 권한은 주주총회가 행사한다. (상법§409④)

- 선임 및 해임 : 주주총회
- 임기 : 3년 이내
- 연임 : 가능

- 이사 겸임 불가

🔄 이사와 회사와의 관계

감사와 회사는 민법상 위임에 관한 규정을 준용한다(상법§382②, §415). 민법상 위임관계란 당사자 일방이 상대방에 대하여 사무의 처리를 위탁하고 상대방이 이를 승낙함으로써 그 효력이 생긴다(민법§680).

- 위임 : 민법의 위임규정 적용
- 계약 : 위임(임용)계약
- 보수 : 보수 약정 등이 없으면 무급이 원칙

3) 주식회사 「집행임원」

🔄 집행임원의 선임 등

주식회사는 집행임원을 설치할 수 있으며, 집행임원 설치회사의 이사회는 집행임원을 선임 및 해임할 수 있다. 다만, 집행임원 설치회사는 대표이사를 두지 못한다. 또한, 이사회는 집행임원이 2인 이상인 경우 대표집행임원을 둘 수 있다. (상법§408조의2①③)

회사는 집행임원 및 대표집행임원을 선임한 때에는 2주 이내에 회사의 법인등기부에 임원으로 등기하여야 한다. (상법§317②8,9)

- 선임 및 해임 : 이사회 또는 주주총회
- 임기 : 2년 이내
- 연임 : 가능, 제한 없음

☑ 집행임원과 회사와의 관계

집행임원 설치회사와 집행임원의 관계는 민법 중 위임에 관한 규정을 준용한다. (상법§408조의2①②)

- 위임 : 민법의 위임규정 적용
- 계약 : 임용 계약
- 보수 : 보수 약정 등이 없으면 무급이 원칙

4) 주식회사 「비등기임원」

☑ 비등기임원의 선임 등

회사는 비등기임원을 주주총회 또는 이사회 결의로 선임하여 둘 수 있다. 비등기임원의 선임과 임기, 업무집행권, 해임 등에 관하여 상법의 집행임원 선임과 해임, 임기에 관한 규정을 준용한다.

- 선임 및 해임 : 이사회 또는 주주총회
- 임기 : 2년 이내
- 연임 : 가능, 제한 없음

⁂ 상법상 비등기임원의 책임

상법은 다음 표에 규정한 어느 하나에 해당하는 자가 그 지시하거나 집행한 업무에 관하여 「회사에 대한 책임(상법3§399), 제삼자에 대한 책임(상법§401), 주주대표소송(상법§403), 다중대표소송(상법§406조의2),」를 적용하는 경우에는 그 자를 "이사"로 본다. (상법§401조의2)

업무집행지시자 등 이사로 보는 자	비고
1. 회사에 대한 자신의 영향력을 이용하여 이사에게 업무집행을 지시한 자 2. 이사의 이름으로 직접 업무를 집행한 자 3. 이사가 아니면서 명예회장·회장·사장·부사장·전무·상무·이사 기타 회사의 업무를 집행할 권한이 있는 것으로 인정될 만한 명칭을 사용하여 회사의 업무를 집행한 자	상법 §401조의2

③ 노동법상 임원의 범위

《 노동법상 사용자와 근로자성 임원 》

구분	사용자 임원	근로자성 임원
선임	• 주주총회, 이사회	• 이사회, 계약
등기	• 등기, 미등기	• 비등기
회사와 관계	• 위임	• 고용
계약	• 위임계약	• 고용계약

1) 사용자 임원

> 업무집행권 또는 대표 권한을 행사하는 임원은 근로기준법상의 근로자가 아니다. (대법 92다28228, 1992.12.22).

● 사용자로 보는 임원

① 사용자란 사업주 또는 사업경영담당자를 말하며, 또한, 근로자에 대하여 사업주를 위하여 사용하는 자를 말한다(근기법 2②).

② 업무집행권 또는 대표권을 가진 회사의 이사 등 임원은 회사로부터 일정한 사무처리의 위임을 받고 있으므로 보수를 받는 경우에도 근로자로 볼 수 없다. 타인의 감독하에 근무만을 제공하는 것은 아니므로 일정한 보수를 받는 경우에도 근로기준법에 규정한 근로자로 볼 수 없다. (법무 811-8604, 1980.4.10)

❖ 등기임원

원칙적으로 회사의 법인등기부에 등기한 임원은 「사용자」로 본다. 등기임원은 실질적인 권한을 행사하는 최종 의사결정 권한을 행사하는 자로 근로자성을 부인하는 특별한 사정이 없으면 사용자 임원으로 본다. (대법 2001다83838, 2003.3.29.)

- 이사 : 이사회 구성원
- 감사 : 이사의 경영활동 감사자

- 등기 집행임원 : 업무집행권자

임원 권한 행사자

비등기임원이 회사로부터 일정한 사무처리의 위임을 받고 업무집행권을 행사하고 있다면 특별한 사정이 없으면 임원으로 본다. 비등기임원으로서 실질적인 권한을 행사하고 있는 경우 근로자성을 부인한다. 다만, 사용자와 고용관계에 있다면 원칙적으로 근로자로 본다. (대법 94다28228, 1992.12.22.)

- 업무집행지시자

임용계약을 체결한 비등기임원

임용계약을 체결한 비등기임원은 원칙적으로 사용자 임원으로 본다. 임용계약은 위임계약으로 당사자 일방이 상대방에 대하여 사무의 처리를 위탁하고 상대방이 승낙함으로써 효력이 생기며 위임인이 위임사무를 처리함을 목적으로 체결된 계약이다. (민법 제680조, 제681조, 제686조)

🌀 사용자 임원의 여부

일부 노무제공 비등기 임원

① 사무 및 노무를 일부 제공하는 임원은 법인으로부터 사무처리의 위임을 받아 대표권 또는 사무집행권을 행사하는 자이므로 노무만 제공하는 근로자로 볼 수 없다(1988.03.10, 근기 01254-8808).

② 임원은 회사로부터 사무처리의 위임을 받고 처리하고 있는 것이지 타인의 감독하에 노무만을 제공하는 것이 아니므로 보수를 받는다하여도 근로자로 볼 수 없다(1987.06.30, 근기 01254-10475).

일정액 보수를 받는 임원 직무자

① 사업주로부터 경영 전반을 위임받아 집행해 온 부사장은 일정액의 보수를 받았다 하더라도 근로자로 볼 수 없다(1980.08.19, 법무 811-20878).

② 회사의 임원은 타인의 지휘·감독하에 노무만을 제공하는 것이 아니므로

일정액의 보수를 받는 경우라도 근로기준법상 근로자가 아니다(1987.09.05, 근기 01254-14330).

⁙ 비등기 이사보, 상근고문, 비상근 상담역

① 법인등기부에 등록되지 않은 이사보가 이사와 상당한 대우를 받는다면 근로기준법이 적용되지 않으나, 그렇지 않다면 근로자에 해당하여 근로기준법의 보호를 받는다(1992.03.20, 근기 01254-394).

② 상근고문은 사업주 또는 사업경영담당자 등의 경영에 관한 자문에 응하는 자로 일정액의 보수를 받아도 사용종속관계에 있다고 볼 수 없으므로 근로기준법에 따른 근로자로 볼 수 없다(1982.02.15, 근기 1455-5065).

③ 매주 1일 근무하는 비상근 상담역은 사용종속관계에 있다고 보기 어려우므로 근로기준법상 근로자라 할 수 없다(1988.04.25., 근기 01254-6463).

2) 근로자성 임원

◉ 근로자로 보는 임원

① 근로자란 직업의 종류와 관계없이 임금을 목적으로 사업이나 사업장에 근로를 제공하는 자를 말한다(근기법§2①).

② 근로기준법의 적용을 받는 근로자에 해당하는지는 계약의 형식과 관계없이 그 실질에서 임금을 목적으로 종속적인 관계에서 사용자에게 근로를 제공하였는지에 따라 판단한다.

③ 법원은 판례를 통하여 이사로 선임된 임원이 회장·사장 등의 지휘·감독에 의하여 업무지시를 받아 담당 노무를 제공하고 고정급 보수를 받는 관계라면 그 임원은 근로자로 본다.

⁙ 근로계약에 의한 임원

① 근로시간 등 근로계약을 체결하고 노무제공의 대가로 일정한 보수를 지급받는 임원은 근로자로 본다. "근로계약"이란 근로자가 사용자에게 근로를 제공

하고 사용자는 이에 대하여 임금을 지급하는 것을 목적으로 체결된 계약을 말한다(근기법§2①4).

② 근로계약은 임금의 구성항목·계산방법·지급방법, 소정근로시간, 휴일, 연차유급휴가를 서면으로 체결하도록 강제하고 있다(근기법§17②). 즉, 근로시간 등을 명시하여 근로계약을 체결한 비등기임원은 원칙적으로 근로자로 본다.

> **참고** **근로기준법**
> 제2조(정의) ① 이 법에서 사용하는 용어의 뜻은 다음과 같다. 〈개정 2018.3.20.〉
>   1. "근로자"란 직업의 종류와 관계없이 임금을 목적으로 사업이나 사업장에 근로를 제공하는 자를 말한다.
>   2. "사용자"란 사업주 또는 사업 경영 담당자, 그 밖에 근로자에 관한 사항에 대하여 사업주를 위하여 행위하는 자를 말한다.
>   3. "근로"란 정신노동과 육체노동을 말한다.
>   4. "근로계약"이란 근로자가 사용자에게 근로를 제공하고 사용자는 이에 대하여 임금을 지급하는 것을 목적으로 체결된 계약을 말한다.

근로자성 임원의 여부

고정급여를 받는 비등기이사

회사의 조직체계, 이사로 승진하고 해임된 경위, 담당업무 등을 고려하면 이사 또는 이사대우라는 지위는 형식적·명목적인 것으로서 실제로는 그 승진 당시 전후를 통하여 업무의 변화 없이 대표이사의 지휘·감독 아래 자신이 맡은 부서의 업무를 계속 처리하는 관계에 있었고, 그에 대한 대가로 매월 정액의 월급여와 상여금 등 일정한 보수를 지급받는 지위에 있었으므로 이러한 비등기이사는 근로기준법상의 근로자에 해당한다. (서울남부지법 2004.4.22., 2003가합6980)

노무 제공 조건으로 고용된 이사

회사의 이사가 회사로부터 위임받은 사무를 처리하는 이외에 고정보수를 받고 사용종속관계에 있으면서 일정한 노무를 담당한 대가로 고정 보수를 지급받아 왔다면 근로기준법상의 근로자로 볼 수 있다(대법 91누11490, 1992.5.12.).

❖ 업무지시를 받는 이사대우

회사의 공장장으로 근무하던 중 이사대우로 승진하였는데 승진 후에도 매일 그 공장에 출근하여 종전부터 하여 온 회사로부터 지시받은 업무를 공장장으로서 업무를 처리하면서 그 대가로 일정한 보수를 받은 경우 근로기준법상의 근로자에 해당한다(2000.09.08, 대법 2000다22591).

❖ 노무에 종사하는 이사

① 근로조건에 관한 결정권이 없는 상임이사는 근로기준법상 근로자에 해당한다(1991.10.04 중노위 91부해88).

② 이사 등 집행기관에 있는 자라도 타인의 지휘·명령을 받으며 사실상 노무에 종사한다면 근로자이다(1993.02.01, 근기 01254-150).

③ 주식회사의 이사도 법령, 정관 등의 규정에 따라 업무집행권을 가진 자의 감독을 받아 노무에 종사하고 임금을 받는다면 근로자로 본다(1994.03.18, 근기 68207-461).

④ 법인의 이사(공장장)가 대표권을 가지지 아니한 채 임금을 목적으로 근로를 제공하고 있다면 그 한도 내에서는 근로기준법상의 근로자에 해당한다(1993.03.18, 근기 01254-411).

④ 세법상 임원의 범위

➡ 법인세법상 임원의 범위

법인세법은 법인의 회장, 사장, 부사장, 대표이사, 전무이사, 상무이사 등 이사회의 구성원 전원과 감사, 그 밖에 이와 같은 직무에 종사하는 자를 임원으로 본다. 법인세법 시행령으로 규정한 임원은 다음과 같다. (법영§40①).

《 법인세법상 임원으로 보는 자 》

법인세법상 임원	법규
1. 법인의 회장, 사장, 부사장, 이사장, 대표이사, 전무이사 및 상무이사 등 이사회의 구성원 전원과 청산인 2. 합명회사, 합자회사 및 유한회사의 업무집행사원 또는 이사 3. 유한책임회사의 업무집행자 4. 감사 5. 그 밖에 1부터 4까지와 같은 직무에 종사하는 자	법영§40①

⁖ 임원 직위자

법인세법은 등기 여부와 관계없이 법인의 회장, 사장 등 조직 체계상 임원 직위자를 임원으로 본다.

- 회장, 사장, 부사장, 이사장, 대표이사, 전무이사, 상무이사 등

⁖ 이사회 구성원

법인세법은 법인의 이사회 구성원을 임원으로 본다.

- 사내이사, 사외이사, 기타비상무이사

⁖ 감사

법인세법은 법인의 감사를 임원으로 본다.

⁖ 임원 직무 종사자

법인세법은 등기 여부와 관계없이 임원의 직무에 종사자하는 자를 임원으로 본다.

- 비등기임원(이사, 감사, 집행임원)

🔁 행정해석 등에 의한 임원의 범위

⚬ 이사회에서 선임한 집행임원

- (서이46012-11077, 2002.05.23.).
- 이사회 표결권이 없는 집행임원으로 주주총회에서 선임되지 아니하고 이사회에서 선임되어 이사회에 참석하나 이사회 표결권이 없으나 임원과 동등한 책임과 권한을 가진 집행임원이 법인세법 시행령에서 규정하는 임원에 해당하는지 여부
- 법인의 임원이라 함은 그 직책과 관계없이 법인세법 시행령에 규정하는 직무에 종사하는 자를 말하는 것으로 임원에 해당하는지는 실질내용에 따라 사실을 판단할 사항으로 법령에서 임원은 법인의 회장, 사장, 부사장, 이사장, 대표이사, 전무이사, 상무이사, 감사 및 이와 같은 직무에 종사하는 자를 말한다.

⚬ 비등기이사 또는 이사대우

- (서면2팀-20, 2008.01.07.).
- 비등기임원으로 이사의 명칭을 사용하는 경우와 이사대우 명칭을 사용하고 이사회 참석하여 발언권은 있으나 의결권을 행사하지 못하는 경우 세법상 임원에 해당하는지 여부
- 임원이란 법인세법 시행령 제43조 제6항 각호에 규정하는 직무에 종사하는 자를 말하는 것이며, 임원에 해당하는지 여부는 종사하는 직무의 실질에 따라 사실 판단할 사항이다. 임원은 법인의 회장·사장·부사장, 이사장·대표이사·전무이사·상무이사, 감사 및 이와 같은 직무에 종사하는 자를 말한다 (법영 제43조6항).

⚬ 미등기이사의 이사 직무자

- (법인22601-1004, 1987.4.2.).

- 미등기이사가 이사 직무에 종사하게 되는 경우 임원에 해당하는지 여부
- 법인의 임원이라 함은 그 직책과 관계없이 법인의 회장·사장·부사장·이사 등의 직무에 종사하는지에 따라 판단할 사항임.

✥ 비등기 업무집행임원

- (법인 2009-0228, 2009.06.23.)
- 내국법인의 비등기 업무집행임원으로서 '상무'의 직함을 사용하며 사장이 임명한 경영지원본부장으로 이사회의 의결권 및 발언권이 없는 비등기임원의 세법상 임원에 해당하는지 여부
- 내국법인의 비등기 업무집행임원으로서 해당 법인의 직제규정에 따라 '상무'의 명칭을 사용하여 재무결산·경영기획 및 손익관리·법무·인사 및 총무 업무를 총괄하여 집행할 권한과 책임이 있는 경영지원본부장은 법인세법 시행령 제20조1항4호라목에 따른 임원에 해당하는 것입니다.

✥ 외국회사 국내지점 대표자

- (법인46012-1917, 2000.9.16.).
- 외국법인의 국내지점 지배인이 국내지점의 법인등기부상에 이사 등으로 등재되어 있지 아니하고 국내지점의 지점대표자로 등기되어 있으며, 국내지점장은 일용근로자의 채용·해고권한이 있으나, 그 이외의 직원에 대한 인사권 및 영업·재무·회계 등에 관한 권한은 사실상 외국법인의 본사에 있는 국내지점장이 법인세법 시행령 제43조 제6항의 규정에 따른 임원에 해당하는지 여부
- 법인세법상 "임원"이라 함은 법인세법 시행령에 규정하는 직무에 종사하는 자를 말하는 것으로 외국법인의 국내지점 대표자가 이에 해당하는지는 그 직무에 따라 실질 내용에 의하여 사실을 판단할 사항으로 법령에서 임원은 법인의 회장, 사장, 부사장, 이사장, 대표이사, 전무이사, 상무이사, 감사 및 이와 같은 직무에 종사하는 자이다.

지역본부장·지사장 등

- (서면2팀-173, 2004.02.06.).
- 사원의 선발권한 및 사용권한이 있는 지역본부장(미등기이사), 감사팀장, 영업팀장, 지사장 등으로 본사의 직위는 부장, 차장, 과장 등의 사용인으로 법인세법상 임원에 해당하는지 여부.
- 임원이라 함은 그 직책과 관계없이 법인세법 시행령에 규정하고 있는 법인의 회장, 사장, 부사장, 이사장, 대표이사, 전무이사, 상무이사, 감사 및 이와 같은 직무에 종사하는 자를 말하는 것으로 임원에 해당하는지는 종사하는 직무의 실질에 따라 사실을 판단할 사항이다.

조직상 이사 등 직함

- (서면2팀-1932, 2005.11.28.).
- 외국인투자법인으로 정관상 임원은 대표이사만이 현재 국내에서 근무하고 나머지 임원과 감사는 외국 본사에서 근무하고 있으며 현재 국내 조직상 이사의 직함을 사용하고 있는 임원(이사, 전무)을 세법상 임원으로 보아야 하는지
- 법인의 임원이라 함은 그 직책과 관계없이 법인세법 시행령에 규정하는 직무에 종사하는 자를 말하는 것으로 임원에 해당하는지는 종사하는 직무의 실질에 따라 사실 판단할 사항으로 세법상 임원은 법인의 회장, 사장, 부사장, 이사장, 대표이사, 전무이사, 상무이사, 감사 및 이와 같은 직무에 종사하는 자이다.

2절 임원 보수의 범위와 이해

1 민법상 임원의 보수청구권

🔄 임원(수임인)의 보수청구권

민법의 수임인(임원)의 보수청구권에 대하여 규정하고 있으며, 보수청구권이란 위임계약에서 수임인이 위임사무를 처리한 대가로 보수를 청구할 수 있는 권리를 말한다. 또한, 위임계약은 보수 지급에 관한 약정이 없으면 무상을 원칙으로 한다.

> 민법 제686조(수임인의 보수청구권) ①수임인은 특별한 약정이 없으면 위임인에 대하여 보수를 청구하지 못한다.
> ②수임인이 보수를 받을 경우에는 위임사무를 완료한 후가 아니면 이를 청구하지 못한다. 그러나 기간으로 보수를 정한 때에는 그 기간이 경과한 후에 이를 청구할 수 있다.
> ③수임인이 위임사무를 처리하는 중에 수임인의 책임없는 사유로 인하여 위임이 종료된 때에는 수임인은 이미 처리한 사무의 비율에 따른 보수를 청구할 수 있다.

⁘ 임원보수규정의 보수 약정 여부

회사에 유효한 임원보수규정이 존재하고 그 규정이 적법한 절차에 따라 제정·결의되었다면, 그 규정에 정한 임원의 보수는 민법상 위임계약에서의 '보수 지급 약정'으로 본다.

🔄 위임계약의 보수 범위

민법상 위임계약의 보수 범위는 사무처리의 대가로 약정된 모든 경제적 이익을 포함하되, 비용상환이나 손해보전과 같은 실비적 성격의 금원은 원칙적으로 제외된다. 위임계약의 보수 범위는 '대가성'과 '약정 내용'이 결정 기준이다.

⁘ 보수의 기본 범위

수임인의 보수는 사무 처리의 대가성이 인정되는 금전 또는 이에 준하는 경제적으로 다음의 보수를 포함한다.

- 정액 보수 : 월급, 연봉, 고정보수
- 비율 보수 : 매출·이익 연동 보수
- 성과보수 : KPI, 목표달성률 기준 성과급
- 수당성 보수 : 직책수당, 책임수당 등
- 현물 보수 : 차량 제공 및 주거 지원비 등

ᐅ 보수에 포함되지 않는 범위

다음은 위임계약에 의한 보수와 구별되는 항목으로, 특별한 약정이 없는 한 보수에 포함되지 않는다.

- 비용상환금 : 출장비, 접대비, 업무추진 실비
- 손해배상금 : 수임인이 입은 손해보전
- 지연이자 : 지급 지연에 따른 법정이자
- 위로금·사례금 : 사무 대가성이 없는 임의 지급금

ᐅ 약정에 따른 확장 가능성

위임당사자의 보수 약정에 의한 보수의 범위는 당사자 약정에 따라 다음의 보수를 포함할 수 있다.

- 스톡옵션, 주식매수선택권
- 퇴직 위로금 중 보수적 성격이 명확한 부분
- 장기성과 인센티브
- 특별성과 보너스

② 상법상 임원 보수의 범위

상법은 이사·감사의 보수를 정관에 정하거나 주주총회의 결의로 정한다. 다만, 판례는 상법 제388조의 「이사의 보수」에 대하여 급여, 상여, 퇴직금을 불문하고 경영활동 및 직무수행의 대가로 지급하는 모두이다(대법 2012.3.29. 2012다1993).

임원의 보수 범위

대법원은 상법 제388조에 의한 이사의 보수란 이사의 직무 수행에 대한 대가로서 회사로부터 받는 급부로

- 월급, 수당, 급여, 연봉, 상여금, 퇴직금 또는 퇴직위로금, 해직보상금 등
- 그 명칭을 불문하고 경영활동에 대한 대가로서의 성질을 가지면 정기적으로 지급되든 부정기적으로 지급되든 모두 보수가 해당한다.
- 따라서 주식매수선택권, 퇴임 후에 지급하는 연금, 의료보험료, 기타 복지비용도 보수에 포함된다.

《 상법상 임원 보수의 범위 》

임원 보수의 범위	비고
• 임원의 직무수행 대가로 지급 받는 월급, 수당, 급여, 연봉, 상여금, 퇴직금 또는 퇴직위로금, 해직보상금 등	대법원 2012.3.29. 선고 2012다1993 판결.
• 경영활동의 대가로 정기적 부정기적으로 지급되는 모든 보수	
• 주식매수선택권, 퇴임 후에 지급하는 연금, 의료보험료, 기타 복지비용	

③ 노동법상 임원 보수의 범위

《 노동법상 임금의 적용 요약 》

구분	적용 및 배제	비고
사용자의 보수	• 노동법상 임금 및 최저임금 적용 배제 • 노동법상 근로자 퇴직금 적용 배제	대법2003.9.26. 2002다64681)
근로자의 임금	• 노동법상 임금 및 최저임금 적용 • 노동법상 근로자 퇴직금 적용	근기법§2①5

🔵 사용자 임원의 보수

"사용자"란 사업주 또는 사업 경영 담당자, 그 밖에 근로자에 관한 사항에 대해 사업주를 위하여 행위하는 자이다(근로기준법§2①2). 노동법상 사용자 임원의 보수에 관하여 정함이 없다.

❖ 최저임금의 적용 배제

노동법상 사용자 임원의 보수에 관하여 정함이 없다. 사용자 임원은 최저임금법상 최저임금의 적용을 받지 아니한다.

❖ 임금이 아닌 임원의 보수

회사의 임원에게 지급하는 보수는 근로자와는 다른 사용종속관계가 아닌 위임관계로 파악하여 원칙적으로 임금에서 제외한다. (대법 2003.9.26., 2002다64681)

❖ 퇴직금을 포함하는 임원의 보수

이사 등 임원에게 보수와 퇴직금을 지급하는 경우 근로기준법 소정의 임금과 퇴직금이 아니라 재직 중의 직무집행에 대한 대가로 지급되는 보수의 일종이다. (대법2001.2.23. 2000다61312)

📥 근로자성 임원의 보수

"근로자"란 직업의 종류와 관계없이 임금을 목적으로 사업이나 사업장에 근로를 제공하는 자를 말한다(근로기준법§2①1). 노동법상 근로자성 임원의 보수는 사용종속관계의 고용계약에 의한 임금을 적용한다.

⁘ 사용종속관계란

판례상 사용종속관계란 계약의 형식이나 임원의 여부와 관계없이, 실질적으로 사용자의 지휘·감독 아래 임금을 받고 일하는 관계로, 이는 ①업무 내용의 결정권(구체적 지시), ②근무시간, 장소의 구속, ③보수의 근로 대가성, ④독립성 결여 등을 종합적으로 판단하여 판단하며, 위임계약을 하였다 하여도 실질이 종속적이면 근로자로 인정한다. (대법 1991.10.25.선고 91도1685 판결)

⁘ 임금의 의의

임금이란 사용자가 근로의 대가로 근로자에게 임금, 봉급, 그 밖에 어떠한 명칭으로든지 지급하는 모든 금품을 말한다(근기법§2①5).

임금은 매월 1회 이상 일정한 날짜를 정하여 지급하여야 한다. 다만, 임시로 지급하는 임금, 수당, 그 밖에 이에 준하는 임금에 대하여는 그러하지 아니하다(근기법§43).

⁘ 최저임금의 적용

노동법상 근로자는 사용종속관계의 고용관계 임금을 적용한다. 임원이지만 사용종속관계로 판단된 근로자성 임원에게 최저임금법상 최저임금 이상의 임금을 지급하여야 한다.

⁘ 통상임금의 적용

노동법상 사용종속관계에 있는 근로자성 임원은 통상임금을 적용한다.

통상임금은 근로자에게 정기적이고 일률적으로 소정(所定)근로 또는 총 근로에 대해 지급하기로 정한 시간급 금액, 일급 금액, 주급 금액, 월급 금액 또는 도급 금액을 말한다(근기영§6①).

통상임금은 다음의 임금 등을 산정하는데 기초로 적용한다.

- 평균임금의 최저한도 보장 (근기법§2②)
- 해고예고수당 (근기법§26)
- 연장·야간·휴일근로수당 (근기법§56)
- 연차유급휴가수당 (근기법§60⑤)
- 출산전후휴가급여 (고용보험법§76)

평균임금의 적용

평균임금은 이를 산정해야 할 사유가 발생한 날 이전 3개월 동안에 그 근로자에게 지급된 임금의 총액을 그 기간의 총일수로 나눈 금액을 말한다(근기법§2①6). 이에 따라 산출된 금액이 그 근로자의 통상임금보다 적으면 그 통상임금액을 평균임금으로 한다(근기법§2②).

평균임금은 다음의 수당 또는 급여 등을 산정하는 기초가 된다.

- 퇴직급여 (근기법§34)
- 휴업수당 (근기법§46)
- 연차유급휴가수당 (근기법§60⑤)
- 재해보상 및 산재보험급여 (근기법§79~80, §82~84, 산재보험법§36)
- 감급(減給) 제재의 제한 (근기법§95조)

근로자의 임금 여부

상여금

상여금이 계속적·정기적으로 지급되고 그 지급액이 확정되어 있다면 이는 근로의 대가로 지급되는 임금의 성질을 가지나 그 지급사유의 발생이 불확정이고 일시적으로 지급되는 것은 임금이라고 볼 수 없다(대법원 2002.6. 11. 2001다16722 판결).

매월 급여 외에 상여금이 계속적·정기적으로 지급되고 그 지급액이 확정되어 있다면 이는 근로의 대가로 지급되는 임금의 성질을 가진다. (대법원 2006.5.26. 2003다54322,54339)

⚜ 성과급

근로자 개인의 실적에 따라 결정되는 성과급은 지급조건과 지급시기가 단체협약 등에 정하여져 있다고 하더라도 지급조건의 충족 여부는 근로자 개인의 실적에 따라 달라지는 것으로서 근로자의 근로 제공 자체의 대상이라고 볼 수 없으므로 임금에 해당한다고 할 수 없다. (대법원 2004.5.14. 2001다76328)

⚜ 해외근무수당

국외 주재직원으로 근무하는 동안 지급받은 급여 가운데 동등한 직급호봉의 국내직원에게 지급되는 급여를 초과하는 부분은 근로의 대상으로 지급받는 것이 아니라 실비변상적인 것이거나 해외근무라는 특수한 근무조건에 따라 국외 주재직원으로 근무하는 동안 임시로 지급받은 임금이라고 보아야 할 것이다(대법원 1990.11.9. 90다카4683).

⚜ 가족수당

가족수당은 회사에게 그 지급의무가 있는 것이고 일정한 요건에 해당하는 근로자에게 일률적으로 지급되어 왔다면, 이는 임의적·은혜적인 급여가 아니라 근로에 대한 대가의 성질을 가지는 것으로서 임금에 해당한다(대법 2006.5.26. 2003다54322).

⚜ 식대

사용자가 근로자들에게 제공한 식권이 2일간 유효하고 식사를 않은 경우 다른 물품이나 현금으로 대체하여 청구할 수 없는 것이라면 사용자가 실제 근무를 한 근로자들에 한하여 현물로 제공한 식사는 근로자의 복지후생을 위하여 제공된 것으로서 근로의 대가인 임금이라고 보기 어렵다(대법원 2002.7.23. 2000다29370).

⚜ 퇴직급여

사용자는 1년 이상 근속한 근로자가 퇴직할 때 퇴직하는 계속근로 1년에 대하여 평균임금 1개월분을 퇴직급여로 지급하여야 한다. 다만, 계속근로기간이 1년 미만인 근로자, 4주간을 평균하여 1주간의 소정근로시간이 15시간 미만인 근로자에 대하여는 그러하지 아니하다. (근퇴법§4).

- 계속근로 1년 미만자
- 1주간 평균 15시간 미만 근로자

④ 세법상 임원 보수의 범위

▶ 법인의 인건비

법인세법은 임원의 보수를 모두 비용으로 인정하지 않고, 일정 요건을 충족하는 경우에만 손금으로 인정한다. 비용이란 법인의 순자산을 감소시키는 것(법법 §19①)으로 매사업연도 소득금액을 계산할 때 법인이 지급하는 인건비는 특정한 경우를 제외하고는 손금에 산입한다(법영§19;3).

❖ 임원의 급여

임원에게 지급하는 급여란 법인이 임원에게 직무집행 및 근로의 대가로 정기적으로 지급하는 인건비이다(법영§19;3). 근로의 대가로 지급하는 임원의 급여는 매사업연도 소득금액 계산에 손금으로 산입한다.

다만, 임원의 급여는 정관·주주총회·사원총회 또는 이사회의 결의로 결정한 급여지급기준에 의한 금액 이내이어야 한다(법영§43②).

구분	임원 급여의 손금 범위	법규
임원의 급여	• 근로의 대가로 지급하는 인건비 • 정관·총회 또는 이사회의 결의로 결정한 급여지급기준에 의한 금액	법영§19;3 법영§43②

❖ 임원의 상여금

임원에게 지급하는 상여금이란 직무집행 및 근로 제공의 대가로 비정기적으로 지급하는 인건비이다(법영§19;3). 근로의 대가로 지급하는 임원의 상여금은 매사업연도 소득금액 계산에 손금으로 산입한다.

다만, 임원의 상여금은 정관·주주총회·사원총회 또는 이사회의 결의로 결정한 급여지급기준에 의한 금액 이내이어야 한다(법영§43②).

구분	임원 상여금의 손금 범위	법규
임원의 상여금	• 근로의 대가로 지급하는 인건비 • 정관·총회 또는 이사회의 결의로 결정한 급여지급기준에 의한 금액	법영§19;3 법영§43②

∴ 임원의 퇴직급여

임원에게 지급하는 퇴직급여란 직무집행 및 근로 제공의 대가로 비정기적으로 지급하는 인건비이다(법영§19;3). 근로의 대가로 임원이 현실적인 퇴직 시 지급하는 퇴직급여는 다음의 한도 내에서 지급된 금액에 대해서 매사업연도 소득금액 계산 시 손금으로 산입한다.

구분	임원 퇴직급여의 손금 범위	법규
정관·총회 결의로 정한 임원퇴직금	• 정관에 정한 퇴직급여 금액 • 정관의 위임으로 주주총회 결의로 정한 임원 퇴직급여지급규정에 의한 금액	법영§44①⑤
위 외의 임원퇴직금	• 퇴직 전 1년간의 총급여액 × 10% × 근속연수로 산정한 퇴직급여 금액	법영§44④

📎 손금불산입 대상의 임원 보수

법인세법에 따라 임원에게 지급하는 인건비 등이 과다하거나 부당하다고 인정하는 금액은 법인의 매사업연도 소득금액을 계산할 때 손금에 산입하지 아니한다.

《 임원 보수의 손금불산입 요약 》

구분	임원 보수의 손금불산입 범위	법규
손금불산입	• 과다 및 부당하게 지급한 인건비 • 이익처분에 의한 상여금 • 정관·총회 또는 이사회의 결의로 정한 급여지급기준을 초과하는 금액 • 지배주주 등 임원 보수가 동일 직위를 초과하는 금액	• 법법§26;1 • 법영§43① • 법영§43② • 법영§43③ • 법영§43④

구분	임원 보수의 손금불산입 범위	법규
	• 근로제공 없는 비상근임원에게 지급한 보수	

❖ 임원의 과다한 급여

법인세법에 따라 임원에게 지급하는 인건비가 과다하거나 부당하다고 인정하는 금액은 법인의 매사업연도의 소득금액을 계산할 때 손금에 산입하지 아니한다(법법§26;1).

- 동종 업종·직무 대비 과다한 보수
- 실질 근무 또는 기여도 없는 임원에게 고액 보수 지급
- 성과·기여와 무관한 일률적 또는 비정상적 상여 지급
- 지배주주 임원 및 특수관계자 임원에게 퇴직금 과다 지급

사전에 정관·총회 또는 이사회 결의로 정한 구체적인 임원 급여의 금액, 지급률, 계산방법, 지급시기 등을 정한 지급 규정이 없거나 지급 규정의 금액 및 그 한도를 초과한 금액은 비용으로 인정하지 않는다.

❖ 급여지급기준을 초과하는 상여금

법인이 임원에게 지급하는 상여금 중 정관·주주총회·사원총회 또는 이사회의 결의로 결정한 급여지급기준을 초과하는 금액은 손금에 산입하지 아니한다(법영 §43②).

사전에 구체적인 임원 상여금의 금액, 지급률, 계산방법, 지급시기 등을 정관·총회·이사회 결의로 정한 지급 규정이 없거나 규정의 한도를 초과하여 지급한 임원상여금은 비용으로 인정하지 않는다.

❖ 이익처분에 의한 상여금

법인이 그 임원 또는 직원에게 이익처분에 의하여 지급하는 상여금은 이를 손금에 산입하지 아니한다. 이 경우 합명회사 또는 합자회사의 노무출자사원에게 지급하는 보수는 이익처분에 의한 상여로 본다. (법영§43①)

❖ 지배주주 등 임원의 과다보수

법인이 지배주주 등(특수관계에 있는 자 포함)인 임원 또는 직원에게 정당한 사유없이 동일직위에 있는 지배주주 등 외의 임원 또는 직원에게 지급하는 금액을 초과하여 보수를 지급한 경우 그 초과금액은 이를 손금에 산입하지 아니한다. (법령§43③)

❖ 비상근임원에게 지급하는 보수

상근이 아닌 임원에게 지급하는 보수가 직무집행의 대가 및 근로 제공의 대가가 아닌 부당행위계산 부인(법인세법 제52조) 적용에 해당하는 경우에 에는 손금에 산입하지 아니한다(법령§43④).

5 자본시장법상 임원 보수의 범위

임원의 보수총액 범위

상장법인의 공시대상 임원의 보수총액은 해당 사업기간에 임원이 지급받은 「소득세법상 근로소득, 기타소득, 퇴직소득을 합산한 금액」으로 한다.

- 자본시장법 제159조의 제1항, 제2항
- 자본시장법 시행령 제168조 제1항

《 공시기준 임원 보수총액의 범위 》

임원 보수총액 기재대상		법규
근로소득	급여	소득세법 제20조
	상여	
	주식매수선택권 행사이익	
	기타 근로소득	
기타소득		소득세법 제21조
퇴직소득		소득세법 제22조

근로소득

임원에게 지급한 근로소득은 소득세법 제20조의 근로소득(근로소득지급명세서의 'I. 근무처별 소득명세'상 급여, 상여, 주식매수선택권 행사이익, 임원 퇴직소득금액 한도초과액 등의 합계액)을 기준으로 산정한다.

기타소득

임원에게 지급한 기타소득은 회사가 지급한 소득세법 제21조의 기타소득(퇴직 전에 부여받은 주식매수선택권을 퇴직 후에 행사하여 당해 사업연도에 얻은 이익 등)을 기준으로 산정한다.

퇴직소득

임원에게 지급한 퇴직소득은 소득세법 제22조의 퇴직소득을 기준으로 산정한다.

🔵 보수총액에 포함하지 않는 보수

공시기준 임원의 보수총액에 포함하지 않는 보수는 장래 지급하여야 할 보수 (주식매수선택권 등 지급사유가 발생하여 지급 금액이 확정되었으나 이연지급 하는 경우 등)는 당기 사업연도의 보수총액에 포함되지 않는다.

• 주식매수선택권 등 이연지급 하는 보수

2장

임원의 보수한도 결정서
작성과 제정

2장은

임원의 보수와 보수한도 결정방법을 제시한다.

- 이사의 보수와 보수한도 결정
- 감사의 보수와 보수한도 결정
- 집행임원의 보수와 보수한도 결정
- 비등기임원의 보수와 보수한도 결정

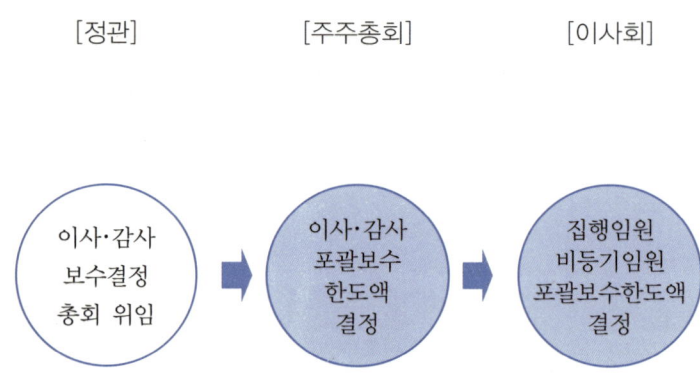

[정관]   [주주총회]   [이사회]

1절 임원의 보수한도 결정기준

① 이사의 보수한도 결정기준

이사의 보수는 정관에 그 액을 정하지 아니한 때에는 주주총회의 결의로 이를 정한다(상법§388). 이사의 보수를 결정할 때 「감사의 보수」와 구분하여 결정하여야 한다.

《 이사의 보수 결정기준 》

구분	이사의 보수 결정기준	법규
이사의 보수	• 이사의 보수는 정관에 그 액을 정하지 아니한 때에는 주주총회의 결의로 이를 정한다. • 감사의 보수와 구분하여 결정하여야 한다.	상법 제388조

정관의 위임규정

상법 제388조에 의하여 정관에 이사의 보수 결정을 주주총회의 결의로 위임을 규정할 수 있다. 일반적으로 대부분의 주식회사 등은 정관에 이사의 보수 결정을 주주총회 결의로 정하는 위임규정을 두고 있다.

유의 사항

정관에 이사회의 결의로 이사의 포괄보수한도 결정을 위임으로 규정할 수 없다.

정관의 직접규정

상법 제388조에 따라 이사의 보수액을 정관에 직접규정할 수 있다. 이사의 보수액을 직접규정하는 경우 「1사업기 이사 전원의 포괄보수 총액 및 최고 한도액」 등으로 규정한다.

일반적으로 특별한 경우를 제외하고는 정관에 이사의 보수액을 직접규정하지 않는다.

⁘ 유의 사항

정관에 규정한 이사의 보수액이 합리적인 수준을 벗어나 지나치게 과다한 보수액으로 규정한 경우는 효력에 문제가 발생한다. 판례는 이에 대하여 무효로 본다. (대법 2016.1.28. 2014다11888)

⁘ 참고

정관에 이사의 보수한도를 직접규정하는 방법은 「2장 3절 정관의 임원보수한도 직접규정」을 참고 바람.

● 주주총회의 결의

상법 제388조에 의하여 이사의 보수를 정관의 위임으로 주주총회의 결의로 결정할 수 있다. 일반적으로 대부분의 주식회사는 이사의 포괄보수 한도를 주주총회의 결의로 결정한다.

주주총회의 결의로 결정하는 이사의 보수는 「1사업기 총이사의 보수총액 및 최고 한도액」 등으로 한다.

⁘ 유의 사항

이사의 보수는 감사의 보수와 별도로 결의하여야 한다. 주주총회에서 이사의 포괄보수한도 결정을 이사회의 결의로 위임을 결의할 수 없다. 이사회의 결의로 위임한 경우는 효력에 문제가 발생한다.

② 감사의 보수한도 결정기준

감사의 보수는 이사의 보수 결정기준을 준용한다. 감사의 보수는 정관에 그 액을 정하지 아니한 때에는 주주총회의 결의로 이를 정한다(상법§415). 또한, 감사 보수는 이사의 보수와 구분하여 결정하여야 한다.

《 감사의 보수 결정기준 》

구분	감사의 보수 결정기준	법규
감사의 보수	• 감사의 보수는 정관에 그 액을 정하지 아니한 때에는 주주총회의 결의로 이를 정한다. • 이사의 보수와 구분하여 결정하여야 한다.	상법 제415조

정관의 위임규정

상법 제415조에 의하여 감사의 보수 결정을 정관에 위임규정을 두어 주주총회의 결의로 위임할 수 있다. 일반적으로 대부분의 주식회사 등은 감사의 보수 결정을 주주총회의 결의로 위임한다.

유의 사항

정관에 감사의 포괄보수한도 결정을 이사회 결의로 위임규정을 둘 수 없다. 정관에 이를 둔 경우에는 그 효력에 대한 문제가 발생한다.

정관의 직접규정

감사의 보수를 정관에 그 액을 직접규정할 수 있다. 정관에 감사의 보수액을 직접규정 할 때에는 「감사 전원의 연간 포괄보수 총액 및 최고한도액」 등으로 규정하여야 한다.

주주총회의 결의

감사의 보수를 정관의 위임규정에 의하여 주주총회의 결의로 결정할 수 있다.

주주총회의 결의로 결정하는 감사의 보수는 「감사 전원의 연간 보수총액 및 최고 한도액」 등으로 한다.

⁘ 유의 사항

감사의 보수는 이사의 보수와 별도로 결의하여야 한다. 또한, 주주총회에서 감사의 포괄보수한도 결정을 이사회의 결의로 위임할 수 없다. 이사회의 결의로 위임하는 경우 효력에 대한 문제가 발생한다.

❸ 집행임원의 보수한도 결정기준

집행임원 설치회사의 집행임원의 보수는 정관에 규정이 없거나 주주총회의 승인이 없는 경우 이사회의 결의로 이를 정한다. (상법§408조의2③⑥)

《 집행임원의 보수 결정기준 》

구분	결정기준	법규
집행임원의 보수	• 집행임원의 보수는 정관에 규정이 없거나 주주총회의 승인이 없는 경우 이사회에서 결정한다.	상법 408조의2

◉ 이사회의 결의

상법 제408조의2에 의하여 집행임원의 보수는 이사회의 결의로 결정할 수 있다. 일반적으로 특별한 경우를 제외하고 집행임원 설치회사는 집행임원의 보수를 이사회의 결의로 결정한다.

⁘ 유의 사항

이사회에서 집행임원의 보수를 결의할 때 대표이사의 결정으로 위임을 결의할 수 없다. 대표이사의 결정으로 위임을 결의하는 경우에는 그 효력에 문제가 발생할 수 있다.

④ 비등기임원의 보수한도 결정기준

비등기임원의 보수 결정은 정관에 규정이 없거나 주주총회의 승인이 없는 경우 이사회의 결의로 이를 정한다. 비등기임원의 보수 결정은 상법상 집행임원의 보수 결정기준을 준용한다.

《 비등기임원의 보수 결정기준 》

구분	결정기준	비고
비등기임원의 보수	• 비등기임원의 보수는 정관에 규정이 없거나 주주총회의 승인이 없는 경우 이사회에서 결정한다.	-

● 이사회의 결의

비등기임원의 보수는 이사회의 결의로 결정할 수 있다. 일반적으로 특별한 경우를 제외하고 비등기임원의 보수는 이사회의 결의로 결정한다.

● 유의 사항

이사회의 결의로 비등기임원의 보수를 대표이사의 결정으로 위임을 결정할 수 없다. 대표이사의 결정으로 위임하는 경우에는 그 효력에 문제가 발생할 수 있다.

2절 정관의 임원보수결정 위임규정

① 정관의 이사보수결정 위임규정

> [상법] 제388조(이사의 보수) 이사의 보수는 정관에 그 액을 정하지 아니한 때에는 주주총회의 결의로 이를 정한다.

1) 정관의 이사보수결정 위임규정 개요

⁝ 원칙: 주주총회 결의 위임

주식회사 등 이사의 보수는 정관에 그 액을 정하지 않는 경우 반드시 주주총회의 결의로 위임한다는 규정을 정관에 두어야 한다. 이사의 보수 결정을 위임한다는 것은 이사에게 지급하는 모든 보수 결정을 위임한다는 뜻이다.

구분	정관의 위임규정 기준	비고
이사의 보수	• 이사의 보수는 정관에 금액을 정하지 아니한 때에는 주주총회의 결의로 이를 정한다.	상법 제388조

⁝ 위임의 보수 범위

정관에 규정하는 임원의 보수 범위에 대하여 판례는 상법 제388조 이사의 보수란 급여, 상여, 퇴직금 등을 불문하고 경영활동 및 직무수행의 대가 지급하는 모든 보수를 말한다고 판결하였다. (대법 2012.3.29. 2012다1993).

2) 정관의 이사보수결정 위임규정 작성 예시

정관에 규정하는 이사의 보수 결정을 주주총회의 결의로 위임하는 규정의 작성 방법을 예시한다.

❖ 예시① : 이사의 보수 결정 위임규정

- 이사의 보수 결정을 주주총회의 결의로 위임하는 정관 규정이다.

> [정관]
>
> 제○○조(이사의 보수)
> 이사의 보수는 주주총회의 결의로 정한다.

❖ 예시② : 이사의 보수한도 결정 위임규정

- 주식회사 등이 이사의 보수 결정을 한도액으로 위임하는 정관 규정이다.

> [정관]
>
> 제○○조(이사의 보수)
> 이사의 보수는 주주총회의 결의로 그 한도를 정한다.

> [정관]
>
> 제○○조(이사의 보수)
> 이사의 보수한도는 주주총회의 결의로 정한다.

❖ 예시③ : 이사의 보수총액 및 최고한도액 결정 위임규정

- 주식회사 등이 이사의 보수를 보수총액 및 최고한도액 등으로 결정을 위임하는 정관 규정이다.

> [정관]
>
> 제○○조(이사의 보수)
> 이사의 보수는 주주총회의 결의로 보수총액 및 최고한도액을 정한다.

> **[정관]**
>
> 제○○조(이사의 보수)
> 이사의 보수총액 및 최고한도액은 주주총회의 결의로 정한다.

❖ 예시④ : 이사의 보수별 위임규정 작성

- 주식회사 등이 이사의 보수를 보수별로 결정을 위임하는 정관 규정이다.

> **[정관]**
>
> 제28조(이사의 보수)
> 이사의 급여와 상여는 주주총회의 결의로 정한다.

3) 정관의 이사보수결정 주총결의 위임규정 작성 사례

상장회사의 이사보수결정 위임규정 사례

상장회사의 이사의 보수 결정을 주주총회의 결의로 위임한 정관 규정 사례를 살펴보면 다음과 같다.

❖ 사례① A 통신

- 일반적인 정관의 위임규정

> **[정관]**
>
> 제49조(이사의 보수)
> ① 이사의 보수는 주주총회의 결의로 정한다.

❖ 사례② B 전자

- 보수한도액으로 위임한 정관의 위임규정

> **[정관]**
>
> 제34조(이사의 보수)
> 이사의 보수한도는 주주총회의 결의로써 이를 정한다.

❖ 사례③ C 물산

• 보수한도액으로 위임한 정관의 위임규정

> [정관]
>
> 제31조(이사의 보수)
> 이사의 보수는 주주총회의 결의로써 그 한도를 정한다.

❖ 사례④ D 항공

• 가장 일반적인 정관의 위임규정

> [정관]
>
> 제32조(이사의 보수)
> ① 이사의 보수는 주주총회의 결의로 이를 정한다.

❖ 사례⑤ E 플랫폼 회사

• 보수별 결정으로 위임한 정관의 위임규정

> [정관]
>
> 제28조(이사의 보수)
> 이사의 급여와 상여는 주주총회의 결의로 정한다.

🔁 중견기업의 이사보수결정 위임규정 사례

중견기업에서 이사의 보수 결정을 주주총회의 결의로 위임한 정관 규정 사례를 살펴보면 다음과 같다.

❖ 사례① A 소프트

• 일반적인 정관의 위임규정

> [정관]
>
> 제39조(이사의 보수)
> ① 이사의 보수는 주주총회의 결의로 이를 정한다.

❖ 사례② D 게임

- 구분 결의로 결정을 위임한 정관의 위임규정

> **[정관]**
>
> 제40조(이사와 감사의 보수)
> ① 이사와 감사의 보수는 주주총회의 결의로 이를 정한다. 이사와 감사의 보수 결정을 위한 의안은 구분하여 의결하여야 한다.

❖ 사례③ B 금속

- 임원으로 통칭하여 보수 결정을 위임한 정관의 위임규정

> **[정관]**
>
> 제38조(보수)
> ① 임원의 보수는 주주총회의 결의로 한다.

❖ 사례④ C 철강

- 위임으로 통칭하여 총액한도로 위임한 정관의 위임규정

> **[정관]**
>
> 제36조(임원의 보수)
> ① 임원 보수의 총액한도는 주주총회에서 결정한다.

🔁 중소기업의 이사보수결정 위임규정 사례

💠 사례① A 바이오

- 가장 일반적인 정관의 위임규정

> [정관]
>
> 제39조(이사의 보수)
> ① 이사의 보수는 주주총회의 결의로 이를 정한다.

💠 사례② B 소프트

- 이사와 감사의 보수 한도로 결정을 위임한 정관의 위임규정

> [정관]
>
> 제23조(보수)
> 이사와 감사의 보수는 주주총회에서 그 한도를 결정한다.

💠 사례③ C 화장품

- 보수 한도로 결정을 위임한 정관의 위임규정

> [정관]
>
> 제23조(이사의 보수)
> 이사의 보수 한도는 주주총회의 결의로 이를 결정한다.

② 정관의 감사보수결정 위임규정

> [상법] 제415조(준용) 제388조는 감사에 준용한다.
> 제388조(이사의 보수) 이사의 보수는 정관에 그 액을 정하지 아니한 때에는 주주총회의 결의로 이를 정한다.

1) 정관의 감사보수결정 위임규정 개요

❖ 원칙: 주주총회 결의 위임

감사의 보수는 정관에 그 액을 정하지 않는 경우 반드시 주주총회의 결의로 위임하는 규정을 정관에 명시하여야 한다. 감사에게 보수를 지급하지 않는 경우도 감사의 보수 결정에 관한 규정을 두어야 한다.

구분	정관의 위임규정 기준	비고
감사의 보수	• 감사의 보수는 정관에 금액을 정하지 아니한 때에는 주주총회의 결의로 이를 정한다.	상법 제415조

❖ 위임의 보수 범위

정관에 규정하는 임원의 보수 범위에 대하여 판례는 급여, 상여, 퇴직금 등을 불문하고 경영활동 및 직무수행의 대가 지급하는 모든 보수를 말한다고 판결하였다. (대법 2012.3.29. 2012다1993).

2) 정관의 감사보수결정 주총결의 위임규정 작성 예시

감사의 보수 결정을 주주총회의 결의로 위임하는 정관규정 작성을 예시하면 다음과 같다.

예시① : 일반적인 위임규정

• 가장 일반적인 정관의 위임규정

> [정관]
>
> 제○○조(감사의 보수)
> 감사의 보수는 주주총회의 결의로 정한다.

예시② : 한도액 결정의 위임규정

• 보수 한도로 결정을 위임한 정관의 위임규정

> [정관]
>
> 제○○조(감사의 보수)
> 감사의 보수는 주주총회의 결의로 그 한도를 정한다.

> [정관]
>
> 제○○조(감사의 보수)
> 감사의 보수한도는 주주총회의 결의로 정한다.

예시③ : 보수총액 및 최고한도액 결정의 위임규정 (권장함)

• 보수총액 및 최고한도액으로 결정을 위임한 정관 규정

> [정관]
>
> 제○○조(감사의 보수)
> 감사의 보수는 주주총회의 결의로 보수총액과 보수한도를 정한다.

∴ 예시④ 보수별 결정의 위임규정 (권장하지 않음)

- 감사 보수를 보수별 결정을 위임한 정관 규정

> [정관]
>
> 제○○조(감사의 보수)
> 감사의 급여와 상여는 주주총회의 결의로 정한다.

3) 정관의 감사보수결정 위임규정 작성 사례

상장회사 등이 감사의 보수를 주주총회의 결의로 위임하는 정관 규정 사례를 살펴보면 다음과 같다.

∴ 사례① A 소프트

- 가장 일반적인 정관의 위임규정

> [정관]
>
> 제23조(보수)
> 이사와 감사의 보수는 주주총회에서 결정한다.

∴ 사례② B 미디어

- 한도액으로 결정을 위임한 정관의 위임규정

> [정관]
>
> 제40조(감사의 보수)
> 감사의 보수는 주주총회의 의결로 지급한도를 결정한다.

❖ 사례③ C 정보

- 이사의 보수와 구분하여 결정을 위임한 정관의 위임규정

[정관]

제38조(감사의 보수)
감사의 보수는 이사의 보수와 구분하여 주주총회의 결의로 이를 정한다.

❖ 사례④ D 소프트

- 감사와 이사의 보수 결정을 위임한 정관의 규정

[정관]

제23조(보수)
이사와 감사의 보수는 주주총회에서 결정한다.

❖ 사례⑤ E 화학

- 이사의 보수 결정을 준용하여 위임한 정관의 위임규정

[정관]

제○○조(감사의 보수)
감사의 보수는 이사의 보수를 준용한다.

❖ 사례⑥ A 바이오

- 정관 조항을 준용하여 위임한 정관의 위임규정

[정관]

제○○조(감사의 보수)
감사의 보수는 제39조를 준용한다.

---

③ 정관의 집행임원 보수결정 위임규정

> [상법] 제408조의2(집행임원 설치회사, 집행임원과 회사의 관계)
> ③ 집행임원 설치회사의 이사회는 다음의 권한을 갖는다.
> 6. 정관에 규정이 없거나 주주총회의 승인이 없는 경우 집행임원의 보수 결정

1) 정관의 집행임원 보수결정 위임규정 개요

❖ 집행임원 보수한도의 결정기준

주식회사 집행임원은 등기임원으로 집행임원의 보수는 정관에 규정이 없거나 주주총회의 승인이 없는 경우 이사회에서 결정한다. 그러므로 집행임원의 보수 결정에 관하여 정관의 위임규정을 두지 않은 경우에는 정관 및 주주총회 또는 이사회의 결의로 결정할 수 있다.

구분	정관의 위임규정 기준	법규
집행임원의 보수	• 집행임원의 보수는 정관에 규정이 없거나 주주총회의 승인이 없는 경우 이사회의 결의로 결정한다.	상법 제408조의2

❖ 주주총회 결의 위임규정

주식회사 집행임원의 보수 결정에 관하여 정관에 주주총회 결의로 위임규정을 둔 경우에는 집행임원의 보수는 주주총회 결의로 결정하여야 한다. 주주총회의 포괄보수 및 보수한도액의 결정 없이 이사회의 결의로 포괄보수 및 보수한도액을 결정할 수 없다.

❖ 이사회 결의 위임규정

주식회사 집행임원의 보수 결정을 정관에 이사회의 결의로 위임규정을 둔 경우에는 집행임원의 보수는 이사회 결의로 결정한다. 다만, 이사회가 없는 경우에는 주주총회에서 결정한다.

2) 정관의 집행임원 보수결정 주총결의 위임규정 작성 예시

정관에 집행임원 보수를 주주총회의 결의로 결정을 위임하는 위임규정 작성을 예시하면 다음과 같다.

❖ 예시① : 일반적 위임규정

• 가장 일반적인 보수 결정의 정관의 위임규정이다.

[정관]

제○○조(집행임원의 보수)
집행임원의 보수는 주주총회의 결의로 정한다.

❖ 예시② : 한도액의 위임규정

• 보수한도액으로 결정을 위임하는 정관의 위임규정이다.

[정관]

제○○조(집행임원의 보수)
집행임원의 보수는 주주총회의 결의로 그 한도를 정한다.

[정관]

제○○조(집행임원의 보수)
집행임원의 보수한도는 주주총회의 결의로 정한다.

❖ 예시③ : 보수총액 및 한도액의 위임규정

• 보수총액 및 최고한도액으로 결정을 위임하는 정관의 위임 규정이다.

[정관]

제○○조(집행임원의 보수)
집행임원의 보수총액 및 최고한도액은 주주총회의 결의로 정한다.

3) 정관의 집행임원 보수결정 이사회결의 위임규정 작성 예시

정관에 집행임원의 보수를 이사회의 결의로 결정을 위임하는 위임규정 작성을 예시하면 다음과 같다.

⁜ 예시① : 일반적 위임규정

- 가장 일반적인 정관의 위임 규정이다.

> [정관]
>
> 제○○조(집행임원의 보수)
> 집행임원의 보수는 이사회의 결의로 정한다.

⁜ 예시② : 한도액의 위임규정

- 보수한도액으로 결정을 위임하는 정관의 위임규정이다.

> [정관]
>
> 제○○조(집행임원의 보수)
> 집행임원의 보수는 이사회의 결의로 그 한도를 정한다.

> 제○○조(집행임원의 보수)
> 집행임원의 보수한도는 이사회의 결의로 정한다.

⁜ 예시③ : 총액 및 한도액의 위임규정 (권장함)

- 보수총액 및 한도액으로 결정을 위임하는 정관의 위임 규정이다.

> [정관]
>
> 제○○조(집행임원의 보수)
> 집행임원의 보수는 이사회의 결의로 보수총액 및 최고한도액을 정한다.

④ 정관의 비등기임원 보수결정 위임규정

> 상법 제408조의2(일부 준용) 비등기임원의 보수 결정은 상법 제408조의2 집행임원의 보수 결정에 관한 규정을 준용한다.

1) 정관의 비등기임원 보수결정 위임규정 개요

❖ 비등기임원 보수한도의 결정기준

주식회사 등의 비등기임원 보수는 정관에 규정이 없거나 주주총회의 승인이 없는 경우 이사회에서 결정한다. 그러므로 비등기임원의 보수 결정에 관하여 정관의 위임규정을 두지 않은 경우에는 정관 및 주주총회 또는 이사회의 결의로 결정할 수 있다.

구분	정관의 위임규정 기준	비고
비등기임원의 보수	• 비등기임원의 보수는 정관에 규정이 없거나 주주총회의 승인이 없는 경우 이사회의 결의로 결정한다.	상법의 집행임원의 보수 결정 규정 준용

❖ 주주총회 결의 위임규정

주식회사 등 비등기임원의 보수 결정에 관하여 주식회사 등 정관에 주주총회 결의로 위임규정을 둔 경우에는 비등기임원의 보수는 주주총회 결의로 결정하여야 한다. 주주총회의 포괄보수 및 보수한도액의 결정 없이 이사회의 결의로 포괄보수 및 보수한도액을 결정할 수 없다.

❖ 이사회 결의 위임규정

주식회사 등 비등기임원의 보수 결정을 정관에 이사회의 결의로 위임규정을 둔 경우에는 비등기임원의 보수는 이사회 결의로 결정한다. 다만, 이사회가 없는 경우에는 주주총회 결의로 결정한다.

2) 정관의 비등기임원 보수결정 주총결의 위임규정 작성 예시

　정관의 비등기임원 보수 결정을 주주총회의 결의로 정하는 정관의 위임규정 작성을 예시하면 다음과 같다.

❖ 작성 예시① : 일반적인 위임규정

● 가장 일반적인 정관의 위임규정

> [정관]
>
> 제○○조(비등기임원의 보수)
> 비등기임원의 보수는 주주총회의 결의로 이를 정한다.

❖ 작성 예시② : 한도액 결정의 위임규정

● 한도액으로 결정을 위임하는 정관의 규정

> [정관]
>
> 제○○조(비등기임원의 보수)
> 비등기임원의 보수는 주주총회의 결의로 그 한도를 정한다.

> [정관]
>
> 제○○조(비등기임원의 보수)
> 비등기임원의 보수는 주주총회의 결의로 보수한도를 정한다.

❖ 작성 예시③ 보수총액 및 최고한도액의 위임규정

● 보수총액 및 최고한도액으로 결정을 위임하는 정관의 규정

> [정관]
>
> 제○○조(비등기임원의 보수)
> 비등기임원의 보수는 주주총회의 결의로 보수총액 및 최고한도액을 결정한다.

3) 정관의 비등기임원 보수결정 이사회결의 위임규정 작성 예시

정관에 비등기임원의 보수 결정을 이사회의 결의로 위임하는 위임규정 작성을 예시하면 다음과 같다.

✦ 작성 예시① : 일반 위임규정

• 가장 일반적인 정관의 위임규정

> [정관]
>
> 제○○조(비등기임원의 보수)
> 비등기임원의 보수는 이사회의 결의로 결정한다.

✦ 작성 예시② : 한도액 위임규정

• 보수한도액으로 결정을 위임하는 정관의 위임규정

> [정관]
>
> 제○○조(비등기임원의 보수)
> 비등기임원의 보수한도는 이사회의 결의로 한도를 정한다.

> [정관]
>
> 제○○조(비등기임원의 보수)
> 비등기집행임원의 보수는 이사회의 결의로 보수한도를 정한다.

✦ 작성 예시③ : 보수총액 및 최고한도액 위임규정 (권장함)

• 보수총액 및 최고한도액으로 결정을 위임하는 정관의 위임규정

> [정관]
>
> 제○○조(비등기임원의 보수)
> 비등기임원의 보수는 이사회의 결의로 보수총액 및 한도액을 정한다.

3절 정관의 임원보수한도 직접규정

① 정관의 이사보수한도 직접규정

> [상법] 제388조(이사의 보수) 이사의 보수는 정관에 그 액을 정하지 아니한 때에는 주주총회
> 의 결의로 이를 정한다.

1) 정관의 이사보수한도 직접규정 개요

정관의 이사보수한도 직접규정 내용

정관에 이사의 보수한도를 직접 규정하는 내용은 규정의 대상과 인원, 계산기
간과 규정 대상 보수의 범위와 적용기간 등을 명확하게 규정하여야 한다. 정관
에 직접 규정하는 이사의 보수한도 규정 요건은 다음과 같다.

《 정관의 이사보수한도 직접규정 내용 》

구분	이사의 보수한도 정관규정 내용
규정 대상	• 등기이사(필수), 미등기이사(선택)
계산 기간	• 1사업기(매사업기, 매사업연도), 1년
적용 인원	• 총원, 직책별·직위별 인원
보수 범위	• 포괄보수액 및 개별보수액(급여·상여·퇴직 금·기타보수 등), 보수총액 및 최고한도액
적용기간	• 시행일, 적용시기

효력 없는 이사의 보수한도 정관규정 사례

다음 사례는 정관에 규정한 이사의 수와 이사보수액의 한도, 계산기간 및 적
용시기 등 산정기준을 규정하지 않아 그 효력에 문제가 발생할 수 있다.

> [정 관]
> 제○○조 (이사의 보수) 이사의 보수는 5억 원으로 한다.

⁘ 검토 사항

위 사례의 정관의 이사보수액은 다음의 사항을 검토하여 규정하여야 효력이 발생한다.

- 보수액의 계산기간 여부
- 적용 인원의 수 여부
- 한도의 최저액 및 최고액 여부
- 적용기간 및 시기 여부

2) 정관의 이사보수한도 직접규정 작성 예시

⁘ 작성 예시① : 정관의 「이사의 보수총액 및 최고한도액」 직접규정

- 정관에 매사업기 1년간 이사의 보수한도를 「보수총액 및 최고한도액」으로 적용하는 이사의 수와 계산기간, 적용시기 등으로 직접 규정하는 방법은 다음과 같다.

[정 관]

제○○조(이사의 보수) ① 이사의 보수는 매사업기 1월 1일부터 12월 31일까지 1년간 다음과 같다.

구분	1년
이사의 수	3명
보수총액 및 최고한도액	5억원

② 제1항의 이사의 보수는 202x년 1월 1일부터 적용한다.

⁘ 작성 예시② : 정관의 「보수한도액」의 직접규정

- 정관에 매사업연도 1년간 이사 전원의 보수한도를 「한도액」으로 적용기간과 시기 등을 직접 규정하는 방법은 다음과 같다.

[정 관]

제○○조(이사의 보수) ① 이사 전원의 보수한도는 매사업연도 1월 1일부터 12월 31일까지 1년간 5억원 이내로 한다.
② 제1항의 이사의 보수는 202x년 1월 1일부터 적용한다.

❖ 작성 예시③ : 정관의 「미포함 이사의 보수한도액」 직접규정

- 정관에 매사업연도 1년간 이사의 보수한도에 포함하지 않는 보수를 직접
  규정하는 방법은 다음과 같다.

[정 관]

제○○조(이사의 보수) ① 이사의 보수는 매사업연도 1월 1일부터 12월 31일까지 1년간
다음과 같다. 다만, 정관에 별도로 규정한 퇴직금 및 주식매수선택권 행사이익은 포함하
지 않는다.

구분	1년
이사의 수	3명
보수총액 및 최고한도액	5억원

② 제1항의 이사의 보수는 202x년 1월 1일부터 적용한다.

❖ 작성 예시④ : 정관의 「미포함 이사의 보수한도」의 직접규정

- 정관에 매사업연도 1년간 총이사의 보수한도에 포함하지 않는 「미포함 보
  수」 등을 직접 규정하는 방법은 다음과 같다.

[정 관]

제○○조(이사의 보수) ① 총이사의 보수는 매사업연도 1월 1일부터 12월 31일까지 1년
간 5억원 이내로 한다. 다만, 정관에 별도로 규정한 퇴직금과 주식매수선택권 행사이익
은 제외한다.
② 제1항의 이사의 보수는 202x년 1월 1일부터 적용한다.

❖ 작성 예시⑤ 정관의 「이사 전원과 1인의 보수한도」 직접규정

- 정관에 매사업연도 이사의 보수한도를 이사의 수와 보수총액 및 최고한도
  액 등과 이사 1명의 보수한도액을 직접 규정하는 방법은 다음과 같다.

> [정 관]
> 제○○조(이사의 보수) ① 이사의 보수는 매사업연도 1월 1일부터 12월 31일까지 1년간 다음과 같다. 다만, 이사 1인의 보수한도는 1억원으로 한다.
>
> | 구분 | 1년 |
> | --- | --- |
> | 이사의 수 | 3명 |
> | 보수총액 및 최고한도액 | 5억원 |
>
> ② 제1항의 이사의 보수는 202x년 1월 1일부터 적용한다.

⋯ 작성 예시⑥ 정관의 「이사 1인의 보수한도액」 직접규정

- 정관에 매사업연도 총이사와 1인의 보수한도액을 직접 규정하는 방법은 다음과 같다.

> [정 관]
> 제○○조(이사의 보수) ① 이사 전원의 보수한도는 매사업연도 1월 1일부터 12월 31일까지 1년간 5억원으로 한다. 다만, 이사 1인의 보수한도는 1억원으로 한다.
> ② 제1항의 이사의 보수는 202x년 1월 1일부터 적용한다.

⋯ 작성 예시⑦ 「직책별·직위별 이사의 보수한도액」 정관 규정의 방법

- 정관에 매사업연도 직책별·직위별 이사의 보수한도를 직접 규정하는 방법은 다음과 같다. 다만, 총이사의 보수한도는 필수로 명시하여야 한다.

> [정 관]
> 제○○조(이사의 보수) ① 총이사의 보수는 매사업연도 1월 1일부터 12월 31일까지 1년간에 5억원 이내로 한다. 다만, 직위별 이사 1인의 보수는 다음과 같다.
>
> | 구분 | 대표이사 | 전무이사 | 상무이사 | 일반이사 |
> | --- | --- | --- | --- | --- |
> | 보수총액 및 최고한도액 | 2억원 | 1억원 | 1억원 | 1억원 |
>
> ② 제1항의 이사의 보수는 202x년 1월 1일부터 적용한다.

② 정관의 감사보수한도 직접규정

> [상법] 제415조(준용규정) 제388조는 감사에 준용한다.
> 제388조(이사의 보수) 이사의 보수는 정관에 그 액을 정하지 아니한 때에는 주주총회의 결의로 이를 정한다.

1) 정관의 보수한도 직접규정 작성 개요

⊙ 정관의 감사보수액 직접규정 내용

정관에 감사의 보수를 직접 규정하는 방법은 규정의 대상과 인원, 계산기간과 보수범위, 적용기간 등을 명확하게 규정하여야 한다. 정관에 규정하는 감사의 보수액 직접규정 내용은 다음과 같다.

《 정관의 감사보수액 직접규정 내용 》

구분	정관 규정 내용
대상	• 등기감사(필수), 미등기감사(선택)
인원	• 총원, 1인, 직위별
계산기간	• 매사업기, 매사업연도, 1사업기, 1년
보수액	• 포괄보수액, 개별보수액(급여, 상여, 퇴직금, 기타보수), 보수총액 및 최고한도액
적용기간	• 적용시기, 시행일

⊙ 효력 없는 감사의 보수한도 정관규정 사례

다음 사례는 정관에 규정한 감사보수액이 적용 대상 인원과 계산기간, 적용시기 등 산정기준을 규정하지 않아 그 효력에 문제가 발생할 수 있는 사례이다.

> [정 관]
> 제○○조 (이사의 보수) 감사의 보수는 1억원으로 한다.

⋯ 검토 사항

위 사례의 감사보수액은 다음의 산정기준을 검토하여 정관에 규정하여야 효력이 발생할 수 있다.

- 보수액의 계산기간 여부
- 적용 인원의 수 여부
- 한도의 최저액 및 최고액 여부
- 적용기간 및 시기 여부

2) 정관의 감사보수한도 직접규정 작성 예시

❖ 작성 예시① 정관의 「감사의 보수총액 및 최고한도액」 직접규정

- 정관에 매사업연도 1년간 감사의 보수한도를 「보수총액 및 최고한도액」으로 직접 규정하는 방법 다음과 같다.

[정 관]

제○○조(감사의 보수) ① 감사의 보수는 매사업연도 1월 1일부터 12월 31일까지 1년간 다음의 한도로 한다.

구분	1년
감사의 수	1명
보수총액 및 최고한도액	5천만 원

② 제1항의 감사의 보수는 202x년 1월 1일부터 적용한다.

❖ 작성 예시② 정관의 「감사의 보수한도액」 직접규정

- 정관에 매사업연도 1년간 감사의 보수한도를 「최고한도액」으로 직접 규정하는 방법은 다음과 같다.

[정 관]

제○○조(감사의 보수) ① 감사의 보수는 매사업기 1월 1일부터 12월 31일까지 1년간 5천만 이내로 한다. 단, 1인의 보수로 한다.
② 제1항의 감사의 보수는 202x년 1월 1일부터 적용한다.

❖ 작성 예시③ 정관의 「감사의 보수한도와 미포함 보수」 직접규정

정관에 매사업연도 1년간 감사의 수와 보수한도액, 적용시기, 미포함 보수를 직접 규정하는 방법은 다음과 같다.

[정 관]

제○○조(감사의 보수) ① 감사의 보수는 매사업연도 1월 1일부터 12월 31일까지 1년간 보수는 다음과 같다. 다만, 정관에 별도로 규정한 퇴직금은 제외한다.

구분	1년
감사의 수	1명
보수총액 및 최고한도액	5천만 원

② 제1항의 감사의 보수는 202x년 1월 1일부터 적용한다.

❖ 작성 예시④ 정관의 「감사의 보수한도와 미포함 보수」 직접규정

- 정관에 매사업연도 1년간 감사의 보수한도와 포함하지 않는 보수를 「한도액」으로 직접 규정하는 방법은 다음과 같다.

[정 관]

제○○조(감사의 보수) ① 감사의 보수는 매사업연도 1월 1일부터 12월 31일까지 1년간 1인에게 5천만 이내로 한다. 단, 정관에 별도로 규정한 퇴직금은 포함하지 않는다.
② 제1항의 감사의 보수는 202x년 1월 1일부터 적용한다.

③ 정관의 집행임원 보수한도 직접규정

> [상법] 제408조의2 ③ 집행임원 설치회사의 이사회는 다음의 권한을 갖는다.
> 6. 정관에 규정이 없거나 주주총회의 승인이 없는 경우 집행임원의 보수 결정

1) 정관의 집행임원 보수한도 작성 개요

등기집행임원의 보수는 정관에 규정이 없거나 주주총회의 승인이 없는 경우 이사회의 결의로 결정한다. 일반적으로 특별한 경우를 제외하고 집행임원의 보수는 정관에 이사회의 결의로 위임규정을 두거나 이사회의 결의로 규정한다.

➡ 정관의 집행임원 보수한도의 직접규정 내용

집행임원의 보수액을 정관에 직접 규정할 경우에는 정관에 규정할 대상과 인원, 계산기간과 적용시기, 보수 범위와 금액을 명확하게 규정하여야 한다. 정관에 규정하는 집행임원 보수한도의 규정 내용은 다음과 같다.

《 정관의 집행임원 보수한도 직접규정 내용 》

구분	정관의 집행임원 보수한도 직접규정 내용
대상	• 등기집행임원(필수), 미등기집행임원(선택)
인원	• 총원, 직책별·직위별 인원수
계산기간	• 매사업기, 매사업연도, 1사업기, 1년
보수 범위	• 포괄보수, 개별보수(급여, 상여, 퇴직금, 기타보수 등), 보수총액 및 최고한도액
적용기간	• 적용시기, 시행일

➡ 효력 없는 집행임원 보수한도의 정관규정 사례

다음 사례는 정관에 규정한 집행임원 보수한도가 적용 인원과 계산기간, 적용시기 등을 명시하지 않아 그 효력에 문제가 발생할 수 있는 사례이다.

> [정 관]
> 제○○조 (집행임원의 보수) 집행임원의 보수는 5억원으로 한다.

◦•◦ 검토 사항

위 사례의 정관에 규정한 집행임원의 보수는 다음의 산정 및 규정 기준을 검토하여 명시하여야 효력이 발생할 수 있다.

- 보수액의 계산기간 여부
- 적용 인원의 수 여부
- 한도의 최저액 및 최고액 여부
- 적용기간 및 시기 여부

2) 정관의 집행임원 보수한도 작성 예시

◦•◦ 작성 예시① 정관의 「보수총액 및 최고한도액」 직접규정

- 정관에 매사업연도 1년간 집행임원의 보수한도를 「보수총액 및 최고한도액」으로 직접 규정하는 방법은 다음과 같다.

[정 관]

제○○조(집행임원의 보수) ① 집행임원의 보수는 매사업연도 1월 1일부터 12월 31일까지 1년간 다음과 같다.

구분	1년
집행임원의 수	3명
보수총액 및 최고한도액	5억원

② 제1항의 집행임원의 보수는 202x년 1월 1일부터 적용한다.

◦•◦ 작성 예시② 정관의 「집행임원의 보수한도액」 직접규정

- 정관에 매사업연도 1년간 집행임원의 보수한도를 「최고한도액」으로 직접 규정하는 방법은 다음과 같다.

[정 관]

제○○조(집행임원의 보수) ① 집행임원 총원의 보수는 매사업연도 1월 1일부터 12월 31일까지 1년간 5억원 이내로 한다.

② 제1항의 감사의 보수는 202x년 1월 1일부터 적용한다.

⁘ 작성 예시③ 정관의 「미포함 집행임원의 보수한도」 직접규정

- 정관에 매사업연도 1년간 집행임원 보수한도에 포함하지 않는 보수를 직접 규정하는 방법은 다음과 같다.

> [정 관]
> 제○○조(집행임원의 보수) ① 집행임원의 보수한도는 매사업연도 1월 1일부터 12월 31일까지 1년간 다음과 같다. 단, 정관에 별도로 규정한 주식매수선택권 행사이익과 퇴직금은 제외한다.
>
> | 구분 | 1년 |
> |---|---|
> | 집행임원의 수 | 3명 |
> | 보수총액 및 최고한도액 | 5억원 |
>
> ② 제1항의 집행임원의 보수는 202x년 1월 1일부터 적용한다.

⁘ 작성 예시④ 정관의 「집행임원의 보수한도액과 미포함 보수」 직접규정

- 정관에 매사업연도 1년간 집행임원의 보수한도에 포함하지 않는 보수를 직접 규정하는 방법은 다음과 같다.

> [정 관]
> 제○○조(집행임원의 보수) ① 집행임원 모두의 보수는 매사업연도 1월 1일부터 12월 31일까지 1년간 5억원 이내로 한다. 단, 정관에 규정한 퇴직금과 주식매수선택권 행사이익은 제외한다.
> ② 제1항의 감사의 보수는 202x년 1월 1일부터 적용한다.

✤ 작성 예시⑤ 정관의 「집행임원 1인의 보수한도」 직접규정

정관에 매사업연도 1년간 집행임원 전원과 1인의 보수한도를 직접 규정하는 방법은 다음과 같다.

[정 관]
제○○조(집행임원의 보수) ① 집행임원의 보수한도는 매사업연도 1월 1일부터 12월 31일까지 1년간 다음과 같다. 다만, 집행임원 1인의 보수는 1억원 이내로 한다.

구분	1년
집행임원의 수	3명
보수총액 및 최고한도액	5억원

② 제1항의 집행임원보수는 202x년 1월 1일부터 적용한다.

✤ 작성 예시⑥ 정관의 「직위별 집행임원의 보수한도」 직접규정

- 정관에 매사업연도 1년간 집행임원 전원과 직위별·직책별 보수한도를 직접 규정하는 방법은 다음과 같다.

[정 관]
제○○조(집행임원의 보수) ① 집행임원 전원의 보수는 매사업연도 1년간 5억원 이내로 한다. 단, 직위별 집행임원 1인의 보수한도는 다음과 같다.

구분	대표	전무	상무	본부장
보수총액 및 최고한도액	1.5억원	1.2억원	1.1억원	1억원

② 제1항의 집행임원의 보수는 202x년 1월 1일부터 적용한다.

④ 정관의 비등기임원 보수한도 직접규정

> 비등기임원의 보수는 집행임원의 보수 결정을 준용한다.
> ·····································
> [상법] 제408조의2 ③ 집행임원 설치회사의 이사회는 다음의 권한을 갖는다.
>   6. 정관에 규정이 없거나 주주총회의 승인이 없는 경우 집행임원의 보수 결정

1) 정관의 비등기임원 보수한도 작성 개요

비등기임원의 보수는 정관에 규정이 없거나 주주총회의 승인 없는 경우에는 이사회의 결의로 결정한다. 일반적으로 비등기임원의 보수는 특별한 경우를 제외하고 정관에 이사회의 결의로 위임규정을 두거나 이사회의 결의로 결정한다.

◉ 정관의 비등기임원 보수한도 작성 내용

비등기임원의 보수를 정관에 직접 규정할 경우에는 그 대상과 인원, 계산기간 및 적용시기 등으로 규정하여야 한다. 정관에 직접 규정하는 비등기임원 보수액의 규정 내용은 다음과 같다.

《 정관의 비등기임원 보수한도 작성 내용 》

구분	정관의 비등기임원 보수한도액 직접규정 내용
대상	• 비등기임원
인원	• 총원, 직위별·직책별 인원
계산기간	• 매사업기, 매사업연도, 1사업기, 1년
보수 범위	• 포괄보수액, 개별보수액(급여, 상여, 퇴직금, 기타 보수 등), 보수총액 및 최고한도액
적용기간	• 적용시기, 시행일

◉ 효력 없는 비등기임원 보수의 정관규정 사례

다음 사례는 정관에 규정한 비등기임원 보수액이 적용 인원 및 계산기간, 적용시기 등 규정하지 않아 그 효력에 문제가 발생할 수 있는 사례이다.

> [정 관]
> 제○○조 (비등기임원의 보수) 비등기임원의 보수는 5억원으로 한다.

⁂ 검토 사항

위 사례의 정관에 규정한 비등기임원의 보수는 다음의 산정 및 규정 기준을 검토하여 명시하여야 효력이 발생할 수 있다.

- 보수액의 계산기간 여부
- 적용 인원의 수 여부
- 한도의 최저액 및 최고액 여부
- 적용기간 및 시기 여부

2) 정관의 비등기임원 보수한도 작성 예시

⁂ 작성 예시① 정관의 「비등기임원의 보수총액 및 최고한도액」 직접규정

정관에 매사업연도 1년간 비등기임원의 보수한도를 「보수총액 및 최고한도액」으로 비등기임원의 수와 계산기간, 적용 기간 및 시기 등으로 직접 규정하는 방법은 다음과 같다.

> [정 관]
> 제○○조(집행임원의 보수) ① 비등기임원의 보수는 매사업연도 1월 1일부터 12월 31일까지 1년간 다음과 같다.
>
> | 구분 | 1년 |
> |---|---|
> | 비등기임원의 수 | 3명 |
> | 보수총액 및 최고한도액 | 5억원 |
>
> ② 제1항의 비등기임원의 보수는 202x년 1월 1일부터 적용한다.

⁂ 작성 예시② 정관의 「비등기임원의 보수한도」 직접규정

　정관에 매사업연도 1년간 비등기임원 전원의 보수한도를 「한도액 이내」로 계산기간과 보수한도액, 적용시기 등으로 직접 규정하는 방법은 다음과 같다.

> [정 관]
>
> 제○○조(비등기임원의 보수) ① 비등기임원 전원의 보수는 매사업연도 1월 1일부터 12월 31일까지 1년간 5억원 이내로 한다.
> ② 제1항의 비등기임원의 보수는 202x년 1월 1일부터 적용한다.

⁂ 작성 예시③ 정관의 「미포함 비등기임원의 보수한도」 직접규정

　정관에 매사업연도 1년간 비등기임원의 보수총액 및 최고한도액에 포함하지 않는 보수를 단서 규정으로 규정하는 방법은 다음과 같다.

> [정 관]
>
> 제○○조(집행임원의 보수) ① 비등기임원의 보수는 매사업연도 1월부터 12월까지 1년간 다음과 같다. 단, 정관에 규정한 퇴직금과 주식매수선택권 행사이익을 제외한다.
>
> | 구분 | 1년 |
> | --- | --- |
> | 비등기임원의 수 | 3명 |
> | 보수총액 및 최고한도액 | 5억원 |
>
> ② 제1항의 비등기임원의 보수는 202x년 1월 1일부터 적용한다.

⁂ 작성 예시④ 정관의 「비등기임원의 보수한도와 미포함 보수」 직접규정

　정관에 매사업연도 1년간 비등기임원의 보수한도에 포함하지 않는 보수를 규정하는 방법은 다음과 같다.

> [정 관]
>
> 제○○조(비등기임원의 보수) ① 비등기임원의 보수는 매사업연도 1월 1일부터 12월 31일까지 1년간 5억원 이내로 한다. 단, 정관에 규정한 퇴직금과 주식매수선택권 행사이익은 제외한다.
> ② 제1항의 비등기임원의 보수는 202x년 1월 1일부터 적용한다.

❖ 작성 예시⑤ 정관의 「비등기임원 1인의 보수한도」 직접규정

정관에 매사업연도 1년간 비등기임원의 보수한도와 1인의 보수한도액을 규정하는 방법은 다음과 같다.

[정 관]
제○○조(집행임원의 보수) ① 비등기임원의 보수는 매사업연도 1월부터 12월까지 1년간 다음과 같다. 단, 비등기임원 1인의 보수한도는 1억원 이내로 한다.

구분	1년
비등기임원의 수	3명
보수총액 및 최고한도액	5억원

② 제1항의 비등기임원의 보수는 202x년 1월 1일부터 적용한다.

❖ 작성 예시⑥ 정관의 「직위별 비등기임원의 보수한도」 직접규정

- 정관에 매사업연도 1년간 비등기임원 전원과 직위별·직책별 보수한도를 직접 규정하는 방법은 다음과 같다.

[정 관]

제○○조(비등기임원의 보수) ① 비등기임원의 보수총액 및 칙한도액은 매사업기 1년간 5억원 이내로 한다. 단, 직위별 비등기임원 1인의 직위별 보수한도는 다음과 같다.

구분	대표	전무	상무	본부장
보수총액 및 최고한도액	1.5억원	1.2억원	1.1억원	1억원

② 제1항의 비등기임원의 보수는 202x년 1월 1일부터 적용한다.

⑤ 정관 변경의 주주총회 특별결의

◉ 정관 변경의 개요

정관에 직접 명시한 임원의 보수한도액을 변경하는 경우에는 주주총회의 특별결의로 기존의 정관을 변경하여야 한다(상법 제433조).

정관 변경을 위한 주주총회의 특별결의는 발행주식총수의 3분의 1 이상과 출석주주 3분의 2 이상의 수로 결의하여야 한다(상법 제434조).

- 발행주식총수의 3분의 1 이상
- 출석주주 의결권의 3분의 2 이상

◉ 주주총회 소집 절차

⁙ 주주총회 소집 통지

주주총회 소집은 원칙적으로 이사회가 결정하여 총회 2주 전까지 각 주주에게 통지해야 한다. 다만, 자본금 10억원 미만의 회사는 총회 10일 전까지 각 주주에게 통지 및 주주전원의 동의로 언제든지 주주총회를 개최할 수 있다.

⁙ 주주총회 소집 절차 등

주식회사 정관의 변경을 위한 주주총회 소집과 결의 절차는 다음과 같다.

《 정관 변경의 주주총회 절차 》

절차	결의 사항 등	관련 서류
이사회	• (d-14) 총회 소집 통지 • (d-10) 총회 소집 통지*	• 이사회의사록
소집생략	• (d-0) 총회소집 총주주동의서*	• 총주주동의서
주주총회	• (d-0) 정관 개정 주주총회 결의	• 주주총회의사록
변경정관	• (d+14) 변경 정관의 인증	• 인증(선택)

*자본금 10억원 미만 주식회사

4절 주주총회의 임원보수한도 결의서

① 주주총회의 이사보수한도 결의서

> [상법] 제388조(이사의 보수) 이사의 보수는 정관에 그 액을 정하지 아니한 때에는 주주총회의 결의로 이를 정한다.

1) 주주총회의 이사보수한도 결정 개요

● 주주총회의 이사보수한도 결정 요건

주주총회에서 이사의 보수 및 보수한도를 결정하는 요건은 정관에 이사의 보수액을 규정하지 않고 정관에 주주총회 결의로 위임을 규정한 경우이다.

《 주주총회의 이사보수한도 결정 요건 》

구분	주주총회의 이사보수한도 결정 요건
이사의 보수	• 정관에 이사의 보수액을 정하지 않은 경우 • 정관에 이사의 보수를 주주총회 결의로 위임규정을 둔 경우

● 주주총회의 이사보수한도 결정 시기

주주총회의 이사보수한도 결정은 매사업기 개시일로부터 90일 이내에 개최하는 정기주주총회에서 결정하는 것이 일반적이다. 다만, 이사의 증원이 있거나 이사 보수의 증감이 있는 경우에는 임시주주총회를 개최하여 이사의 보수를 결정할 수 있다.

- 정기 결정 : 정기주주총회 시기
- 수시 결정 : 임시주주총회 시기

주주총회에서 이사의 보수를 결정하는 시기 등을 요약하면 다음과 같다.

《 주주총회의 이사보수한도 결정 시기 》

구분	주주총회의 이사보수한도 결정 시기	비고
이사의 보수 결정	• 시기 : 매사업기 개시 3개월 이내	정기주주총회
	• 기한외 : 이사의 보수 관련 변경이 있을 때	임시주주총회

◉ 주주총회의 이사보수한도 결정 내용

주주총회에서 결정하는 이사의 보수는 결의 대상 이사와 인원, 계산기간과 보수 범위 등을 명확하게 결정 내용으로 하여야 한다. 주주총회 결의로 결정하는 이사의 보수 내용을 요약하면 다음과 같다.

《 주주총회의 이사보수한도 결정 내용 》

구분	주주총회의 이사보수한도 결정 내용
대상	• 등기이사(필수), 미등기이사(선택)
인원	• 총원, 직위별 · 직책별 인원, 1인
계산기간	• 당사업기(당기), 당사업연도, 1년
보수 범위	• 포괄보수(급여, 상여, 퇴직금, 기타보수 등) 보수총액 및 최고한도액
적용기간	• 적용시기, 시행일

2) 주주총회의 이사보수한도 결의기준

이사의 보수 결정을 위한 상법상 주주총회 결의는 출석한 주주의 의결권 과반수와 발행주식총수의 4분의 1 이상의 찬성으로 의결한다. (상법§368①)

《 주주총회의 이사보수한도 결의기준 》

구분	주주총회 보통결의
이사의 보수 결정	• 출석주주 의결권 과반수 이상 • 발행주식총수의 4분의 1 이상

🔄 특별이해관계자의 의결권 제한

최근 대법원은 회사의 이사인 주주는 주주총회의 이사보수한도 승인 안건에 대한 특별이해관계인에 해당하여 의결권 행사가 제한되므로 해당 주주가 의결권을 행사한 주주총회 결의는 위법하여 취소한다는 내용의 원심을 확정하였다(대법원 2025.4.24. 선고 2025다210138, 2025다210139 판결).

상법은 주주총회의 결의에 관하여 특별한 이해관계가 있는 자는 그가 가진 주식에 대하여 의결권을 행사하지 못한다고 규정하였다(상법 제368조 제3항).

❖ 총회의 결의기준

주주총회의 결의는 정관에 다른 정함이 있는 경우를 제외하고는 출석한 주주의 의결권 과반수와 발행주식총수의 4분의 1 이상의 수로써 하여야 한다(상법 §368①.

- 주주총회 성립 : 발행주식총수의 4분의 1 이상 주주 출석
- 보통결의 요건 : 출석주주 의결권의 과반수와 발행주식총수의 4분의 1 이상

❖ 정족수와 의결권수 등 계산

이사의 보수한도 승인에 관하여 특별이해관계자의 소유주식은 출석한 주주의 의결권의 수에 산입하지 아니한다(상법§371②). 상법은 특별이해관계자 소유주식의 의사정족수(발행주식총수)에 대하여 정함이 없다. 판례는 산입 및 불산입으로 나뉘고 있다.

- 의결정족수(의결권수) : 불산입
- 의사정족수(발행주식총수) : 산입(또는 불산입)

❖ 계산 예 (의결권 제외, 발행주식총수 산입)

①발행주식총수 10,000주 ②출석주식 8,000주 ③의결권제한주식 2,000주

- 출석주주 의결권 과반수 계산 : 6,000주(8,000-2,000), 3,001주 이상
- 발행주식총수 1/4 계산 : 2,500주(10,000/4) 이상

3) 주주총회의 이사보수한도 결의서 작성 예시

정관의 위임으로 주주총회의 결의로 결정하는 「이사의 보수한도 주주총회결의서」 작성 방법은 다음과 같다.

⁙ 작성 예시① 「당기 이사의 보수한도」 주총결의서

- 주주 겸 이사가 없는 경우

<table>
<tr><td colspan="3">[주주총회의사록]</td></tr>
<tr><td colspan="3">제ㅇ호 의안 : 이사의 보수한도 승인 건
의장은 당기 이사의 보수한도를 다음과 같이 부의하여 심의 및 결의를 요청하여, 이를 출석주주 전원이 찬성하여 승인으로 가결하다.</td></tr>
<tr><td>구분</td><td>전기(7기)</td><td>당기(8기)</td></tr>
<tr><td>이사의 수</td><td>3명</td><td>3명</td></tr>
<tr><td>보수총액 및 최고한도액</td><td>4억 원</td><td>5억 원</td></tr>
</table>

⁙ 작성 예시② 「이사의 보수한도와 개별보수의 이사회 위임」 주총결의서

- 주주 겸 이사가 없는 경우
- 개별 이사의 보수 지급을 이사회 결의로 위임하는 경우

<table>
<tr><td colspan="3">[주주총회의사록]</td></tr>
<tr><td colspan="3">제ㅇ호 의안 : 이사의 보수한도 등 승인 건
의장은 당기(8기) 이사의 보수한도를 다음과 같이 부의하여, 개별 이사의 보수 지급에 관한 사항은 이사회의 결의로 정함을 심의 및 결의를 요청하여, 이를 출석주주 전원이 찬성하여 승인으로 가결하다.</td></tr>
<tr><td>구분</td><td>전기(7기)</td><td>당기(8기)</td></tr>
<tr><td>이사의 수</td><td>3명</td><td>3명</td></tr>
<tr><td>보수총액 및 최고한도액</td><td>4억 원</td><td>5억 원</td></tr>
</table>

⁂ 작성 예시③ 「주주 겸 이사의 보수한도」 주총결의서

- 주주 겸 이사가 모두인 경우

[주주총회의사록]
제2호 의안 : 당기 이사의 보수한도 승인 건

제2-1호 의안 : 당기 대표이사의 보수한도 승인 건

의장은 당기(8기) 대표이사의 보수한도를 다음과 같이 부의하여 심의 및 결의를 요청하여, 주주겸대표이사의 의결권을 제외하고 출석주주가 찬성하여 승인으로 가결하다.

구분	전기(7기)	당기(8기)
대표이사	1명	1명
보수총액 및 최고한도액	2억 원	2억 원

제2-2호 의안 : 당기 전무이사의 보수한도 승인 건

의장은 당기 전무이사의 보수한도를 다음과 같이 부의하여 심의 및 결의를 요청하여, 주주겸전무이사의 의결권을 제외하고 출석주주가 찬성하여 승인으로 가결하다.

구분	전기(7기)	당기(8기)
전무이사	1명	1명
보수총액 및 최고한도액	1억 원	1.5억 원

제2-3호 의안 : 당기 상무이사의 보수한도 승인 건

의장은 당기 상무이사의 보수한도를 다음과 같이 부의하여 심의 및 결의를 요청하여, 주주겸상무이사의 의결권을 제외하고 출석주주가 찬성하여 승인으로 가결하다.

구분	전기(7기)	당기(8기)
상무이사	1명	1명
보수총액 및 최고한도액	1억 원	1.5억 원

[참고] 당기 이사의 보수한도 승인액
제2호 각호 의안에 의하여 당기 이사의 보수한도 승인액은 다음과 같다.

구분	전기(7기)	당기(8기)
이사의 수	3명	3명
보수총액 및 최고한도액	4억 원	5억 원

❖ 작성 예시④ 「주주 겸 이사를 제외한 이사의 보수한도」 주총결의서

- 대표이사만 주주인 경우

[주주총회의사록]

제2호 의안 : 당기 이사의 보수한도 승인 건

제2-1호 의안 : 당기 대표이사의 보수한도 승인 건

의장은 총회에 당기(8기) 대표이사의 보수한도를 다음과 같이 부의하여 심의 및 결의를 요청하여, 주주겸대표이사의 의결권을 제외하고 출석주주가 찬성하여 승인으로 가결하다.

구분	전기(7기)	당기(8기)
대표이사	1명	1명
보수총액 및 최고한도액	2억 원	2억 원

제2-2호 의안 : 당기 대표이사 외 이사의 보수한도 승인 건

의장은 총회에 당기 대표이사 외 이사의 보수한도를 다음과 같이 부의하여 심의 및 결의를 요청하여, 출석주주 전원이 찬성하여 승인으로 가결하다.

구분	전기(7기)	당기(8기)
대표이사 외 이사의 수	2명	2명
보수총액 및 최고한도액	2억 원	3억 원

[참고] 당기 이사의 보수한도 승인액

제2호 각호 의안에 의하여 당기 이사의 보수한도 승인액은 다음과 같다.

구분	전기(7기)	당기(8기)
이사의 수	3명	3명
보수총액 및 최고한도액	4억 원	5억 원

•☆• 작성 예시⑤ 「퇴직금 등을 제외한 이사의 보수한도」 주총결의서

- 주주 겸 이사가 없는 경우
- 정관이나 주주총회에서 정한 퇴직급여를 포함하지 않는 경우
- 정관에 규정한 주식매수선택권의 행사 이익을 포함하지 않는 경우

[주주총회의사록]
제○호 의안 : 당기 이사의 보수한도 승인 건 의장은 당기 이사의 보수한도를 정관이나 주주총회 결의로 정한 퇴직금과 정관에 규정한 주식매수선택권 행사이익을 제외하고 다음과 같이 상정하여 심의 및 결의를 요청하여, 이를 출석주주 전원이 찬성하여 승인으로 가결하다.

구분	전기(7기)	당기(8기)
이사의 수	3명	3명
보수총액 및 최고한도액	4억원	5억원

•☆• 작성 예시⑥ 「직위별 이사의 보수한도」 주총결의서

- 주주 겸 이사가 없는 경우
- 총이사와 직위별 이사의 보수한도를 결의하는 경우

[주주총회의사록]
제○호 의안 : 이사의 보수한도 승인 건 의장은 당기 총이사와 직위별 개별 이사의 보수한도를 다음과 같이 상정하여 심의 및 결의를 요청하여 출석주주 전원이 찬성하여 승인으로 가결하다.

구분	이사의 수	보수총액 및 최고한도액	대표이사	전무이사	상무이사
전기(7기)	5명	4억원	2억원	1억원	1억원
당기(8기)	5명	5억원	2억원	1.5억원	1.5억원

② 주주총회의 감사보수한도 결의서

> [상법] 제415조(준용) 감사의 보수는 제388조를 준용한다.
> 제388조(이사의 보수) 이사의 보수는 정관에 그 액을 정하지 아니한 때에는 주주총회의 결의로 이를 정한다.

1) 주주총회의 감사보수한도 결정 개요

● 주주총회의 감사보수한도 결정 요건

주주총회에서 감사의 보수한도를 결정하는 요건은 정관에 감사의 보수액을 규정하지 않고, 정관에 주주총회 결의로 위임을 규정한 경우이다.

《 주주총회의 감사보수한도 결정 요건 》

구분	감사의 보수한도 결정 요건
감사의 보수 주주총회 결정	• 정관에서 감사의 보수액을 정하지 않은 경우 • 정관에서 감사의 보수를 주주총회 결의로 위임규정을 둔 경우

● 주주총회의 감사보수한도 결정 시기

주주총회에서 결의하는 감사의 보수는 매 사업연도 개시일로부터 90일 이내 개최하는 정기주주총회 또는 해당 사업기에 감사의 보수 등 변경이 있는 경우에 임시주주총회에서 결정한다. 감사의 보수 결정 시기 등을 요약하면 다음과 같다.

《 주주총회의 감사보수한도 결정 시기 》

구분	감사의 보수한도 결정 시기	비고
감사의 보수 결정	• 시기 : 매사업기 개시 3개월 이내	정기주주총회
	• 매사업기 중 감사의 선임 및 보수 변경이 있는 경우	임시주주총회

🔵 주주총회의 감사보수한도 결정 내용

주주총회의 결의로 결정하는 감사의 보수는 결의 대상과 인원, 보수의 계산기간과 범위 등 주주총회의 결의로 결정하는 주주총회의 결정 내용은 다음과 같다.

《 주주총회의 이사보수한도 결정 내용 》

구분	이사의 보수한도 결정 내용
결의 대상	• 등기감사(필수), 미등기감사(선택)
대상 인원	• 총원, 직위별·직책별 인원, 1인
계산기간	• 당사업기(당기), 당사업연도, 1년
보수 범위	• 포괄보수, 개별보수, 보수총액 및 최고한도액
적용 기간	• 적용시기, 시행일

2) 주주총회의 감사보수한도 결의기준

감사의 보수 결정을 위한 상법상 주주총회 결의는 출석한 주주의 의결권 과반수와 발행주식총수의 4분의 1 이상의 찬성으로 의결한다. (상법§368①)

《 주주총회의 감사보수한도 결의기준 》

구분	주주총회 보통결의
감사의 보수 결정	• 출석주주 의결권 과반수 • 발행주식총수의 4분의 1 이상

🔵 특별이해관계자의 의결권 제한

상법은 주주총회의 결의에 관하여 특별한 이해관계가 있는 자는 그가 가진 주식에 대하여 의결권을 행사하지 못한다(상법 제368조). 주주 겸 감사는 감사의 보수 결정에 대하여 특별이해관계자에 해당하여 그 소유주식은 의결권을 행사하지 못한다.

상법은 특별이해관계자 소유주식의 발행주식총수에 대하여 정함이 없다. 판례는 산입 및 불산입으로 나뉘고 있다.

- 의결정족수(의결권수) : 불산입
- 의사정족수(발행주식총수) : 산입(또는 불산입)

❖ 계산 예 (의결권 제외, 발행주식총수 산입)

①발행주식총수 10,000주 ②출석주식 8,000주 ③의결권제한주식 2,000주

- 출석주주 의결권 과반수 계산 : 6,000주(8,000-2,000), 3,001주 이상
- 발행주식총수 1/4 계산 : 2,500주(10,000/4) 이상

3) 주주총회의 감사보수한도 결의서 작성 예시

정관의 위임으로 주주총회 결의로 결정하는 감사의 보수한도 주주총회결의서 작성을 예시하면 다음과 같다.

❖ 작성 예시① 「감사의 보수한도」 주총결의서

- 주주 겸 감사가 아닌 경우

[주주총회의사록]

제○호 의안 : 감사의 보수한도 승인 건
의장은 당기 감사의 보수를 다음과 같이 부의하여 심의 및 결의를 요청하여, 이를 출석주주 전원이 찬성하여 승인으로 가결하다.

구분	전기(7기)	당기(8기)
감사의 수	1명	1명
보수총액 및 최고한도액	5천만 원	5천만 원

❖ 작성 예시② 「감사가 주주인 경우 감사의 보수한도」 주총결의서

- 주주 겸 감사인 경우

[주주총회의사록]

제○호 의안 : 감사의 보수한도 승인 건
의장은 당기 감사의 보수를 다음과 같이 부의하여 심의 및 결의를 요청하여, 주주겸감사의 의결권을 제외하고 출석주주가 찬성하여 승인으로 가결하다.

구분	전기(7기)	당기(8기)
감사의 수	1명	1명
보수총액 및 최고한도액	5천만 원	5천만 원

⁘ 작성 예시③ 「퇴직금 등 제외한 감사의 보수한도」 주총결의서

- 주주 겸 감사가 아닌 경우
- 정관이나 주주총회 결의로 정한 퇴직금을 제외하는 경우

[주주총회의사록]

제○호 의안 : 감사의 보수한도 승인 건

의장은 주주총회 결의로 정한 퇴직급여를 제외한 당기 감사의 보수를 다음과 같이 부의하여 심의 및 결의를 요청하여, 이를 출석주주 전원이 찬성하여 승인으로 가결하다.

구분	전기(7기)	당기(8기)
감사의 수	1명	1명
보수총액 및 최고한도액	5천만 원	5천만 원

⁘ 작성 예시④ 「감사의 보수한도와 개별보수의 이사회 위임」 주총결의서

- 주주 겸 감사가 아닌 경우
- 개별보수의 지급을 이사회 결의로 위임하는 경우

[주주총회의사록]

제○호 의안 : 감사의 보수한도 등 승인 건

의장은 당기 감사의 보수한도를 다음과 같이 부의하여, 개별 보수 지급에 관한 사항은 이사회의 결의로 정함을 심의 및 결의를 요청하여, 이를 출석주주 전원이 찬성하여 승인으로 가결하다.

구분	전기(7기)	당기(8기)
감사의 수	1명	1명
보수총액 및 최고한도액	5천만 원	5천만 원

❸ 주주총회의 집행임원 보수한도 결의서

1) 주주총회의 「집행임원 보수한도」 결의 개요

집행임원 설치회사의 집행임원 보수는 정관에 규정이 없거나 이사회의 결의로 결정하지 않는 경우에는 주주총회 결의로 결정한다.

➦ 주주총회의 집행임원 보수한도 결정 시기

집행임원의 보수는 매 사업연도 개시일로부터 90일 이내 또는 해당 사업기에 집행임원의 보수 등 변경이 있는 경우에 결정한다. 집행임원의 보수 결정 시기 등을 요약하면 다음과 같다.

《 주주총회의 집행임원 보수한도 결정 시기 》

구분	집행임원 보수한도 결정 시기	비고
집행임원 보수 결정	• 시기 : 매사업기 개시 3개월 이내	정기주주총회
	• 매사업기 중에 집행임원의 선임 및 보수의 변경이 있는 경우	임시주주총회

➦ 집행임원 보수한도의 결정 내용

주주총회의 결의로 결정하는 집행임원의 보수는 결의 대상과 인원수, 계산기간, 보수 범위와 금액 등의 내용으로 한다. 집행임원 보수결정 내용은 다음과 같다.

《 주총결의 집행임원 보수한도 결정 내용 》

구분	집행임원 보수한도 결정 내용
결의 대상	• 등기집행임원(필수), 비등기집행임원(선택)
대상 인원	• 총원, 1인
계산기간	• 당사업기(당기), 당사업연도, 1년
보수 범위	• 포괄보수 총액 및 최고한도액
적용기간	• 적용시기, 시행일

2) 주주총회의 집행임원 보수한도 결의기준

집행임원의 보수 결정을 위한 상법상 주주총회 결의는 출석한 주주의 의결권 과반수와 발행주식총수의 4분의 1 이상의 찬성으로 의결한다. (상법§368①)

《 주주총회의 집행임원 보수한도 결의기준 》

구분	주주총회 보통결의
집행임원의 보수 결정	• 출석주주 의결권 과반수 • 발행주식총수의 4분의 1 이상

🔵 특별이해관계자의 의결권 제한

상법은 주주총회의 결의에 관하여 특별한 이해관계가 있는 자는 그가 가진 주식에 대하여 의결권을 행사하지 못한다(상법 제368조). 주주 겸 집행임원은 집행임원의 보수 결정에 대한 특별이해관계자로 그 소유주식은 의결권을 행사하지 못한다.

상법은 특별이해관계자 소유주식의 발행주식총수 계산에 정함이 없다. 판례는 산입 및 불산입으로 나뉘고 있다.

- 출석주주의 의결권수 : 불산입
- 발행주식총수 : 산입(또는 불산입)

⁘ 계산 예 (의결권 제외, 발행주식총수 산입)

①발행주식총수 10,000주 ②출석주식 8,000주 ③의결권제한주식 2,000주

- 출석주주 의결권 과반수 계산 : 6,000주(8,000-2,000), 3,001주 이상
- 발행주식총수 1/4 계산 : 2,500주(10,000/4) 이상

3) 주주총회의 집행임원 보수한도 결의서 작성 예시

주주총회에서 등기 집행임원의 보수한도를 결정하는 주주총회결의서(의사록)의 작성을 예시하면 다음과 같다.

❖ 작성 예시① 「집행임원의 보수한도」 주총결의서

- 집행임원이 주주가 아닌 경우

> [주주총회의사록]
>
> 제○호 의안 : 당기 집행임원의 보수한도 승인의 건
> 의장은 당기 등기집행임원의 보수를 다음과 같이 부의하여 심의 및 결의를 요청하여, 이를 출석주주 전원이 찬성하여 승인으로 가결하다.
>
> | 구분 | 전기(7기) | 당기(8기) |
> |---|---|---|
> | 집행임원의 수 | 3명 | 4명 |
> | 보수총액 및 최고한도액 | 3억 원 | 4억 원 |

❖ 작성 예시② 「주주 겸 집행임원의 보수한도」 주총결의서

- 집행임원이 주주인 경우

> [주주총회의사록]
>
> 제○호 의안 : 당기 집행임원의 보수한도 승인의 건
> 의장은 당기 등기집행임원의 보수를 다음과 같이 부의하여 심의 및 결의를 요청하여, 주주겸집행임원 의결권을 제외하고 출석주주가 찬성하여 승인으로 가결하다.
>
> | 구분 | 전기(7기) | 당기(8기) |
> |---|---|---|
> | 집행임원의 수 | 3명 | 4명 |
> | 보수총액 및 최고한도액 | 3억 원 | 4억 원 |

❖ 작성 예시③ 「퇴직금 등을 제외한 집행임원의 보수한도」 주총결의서

- 주주 겸 집행임원이 없는 경우
- 정관이나 주주총회 결의로 정한 퇴직금 또는 주식매수선택권 행사이익을 포함하지 않는 경우

[주주총회의사록]

제○호 의안 : 당기 집행임원의 보수한도 승인 건

의장은 정관이나 주주총회의 결의로 정한 퇴직금 또는 주식매수선택권 행사이익을 제외하고, 집행임원의 보수한도를 다음과 같이 부의하여 심의 및 결의를 요청하여, 이를 출석주주 전원이 찬성하여 승인으로 가결하다.

구분	전기(7기)	당기(8기)
등기 집행임원의 수	3명	4명
보수총액 및 최고한도액	3억 원	4억 원

❖ 작성 예시④ 「직위별 집행임원의 보수한도」 주총결의서

- 주주 겸 집행임원이 없는 경우
- 직위별 집행임원의 보수한도를 결정하는 경우

[주주총회의사록]

제○호 의안 : 등기 집행임원의 보수한도 승인 건

의장은 당기 집행임원의 총보수와 직위별 개별 집행임원의 보수한도를 다음과 같이 부의하여 심의 및 결의를 요청하여, 이를 출석주주 전원이 찬성하여 승인으로 가결하다.

구분	총원	대표	전무	상무
집행임원의 수	3	1	1	1
보수총액 및 최고한도액	4억원	2억원	1억원	1억원

④ 주주총회의 비등기임원 보수한도 결의서

1) 주주총회의 「비등기임원 보수한도」 결정 개요

주주총회에서 결정하는 비등기임원의 보수는 정관에 규정이 없거나 이사회의 승인이 없는 경우 주주총회의 결의로 결정한다.

🔵 주주총회의 비등기임원 보수한도 결정 시기

주주총회 결의로 결정하는 비등기임원의 보수는 사업기마다 또는 매사업연도에 결정하는 것이 원칙이다. 매사업기 개시일로부터 90일 이내에 정기주주총회에서 결정하거나 비등기임원의 증원 또는 보수의 증감이 있는 경우 임시주주총회에서 결정한다.

《 주주총회의 비등기임원 보수한도 결정 시기 》

구분	비등기임원 보수한도 결정 시기	비고
비등기임원 보수 결정	• 시기 : 매사업기 개시 3개월 이내	정기주주총회
	• 매사업기 중에 집행임원 선임 및 보수 변경이 있는 경우	임시주주총회

🔵 주주총회의 비등기임원 보수한도의 결정 내용

주주총회 결의 비등기임원의 보수는 결의 대상과 인원, 계산기간과 결의하는 보수의 범위와 보수액, 적용기간과 시기 등 비등기임원 보수한도 결정 내용은 다음과 같다.

《 주총결의 비등기임원 보수한도의 결정 내용 》

구분	비등기임원 보수한도 결정 내용
대상	• 비등기임원
인원	• 총원, 1인, 직책별·직위별 인원
계산기간	• 당사업기(당기), 당사업연도(당기), 1년
보수 범위	• 포괄보수 총액 및 최고한도액

《 주총결의 비등기임원 보수한도의 결정 내용 》

구분	비등기임원 보수한도 결정 내용
적용기간	• 적용시기, 적용일, 시행일

2) 주주총회의 「비등기임원 보수한도」 결의기준

비등기임원의 보수 결정을 위한 상법상 주주총회 결의는 출석한 주주의 의결권 과반수와 발행주식총수의 4분의 1 이상의 찬성으로 의결한다(상법§368①).

《 주주총회의 비등기임원 보수한도 결의기준 》

구분	주주총회 보통결의
비등기임원의 보수 결정	• 출석주주 의결권 과반수 • 발행주식총수의 4분의 1 이상

⊙ 특별이해관계자의 의결권 제한

상법은 주주총회의 결의에 관하여 특별한 이해관계가 있는 자는 그가 가진 주식에 대하여 의결권을 행사하지 못한다(상법 제368조). 주주 겸 비등기임원은 비등기임원의 보수 결정에 대하여 특별이해관계자에 해당하여 그 소유주식은 의결권을 행사할 수 없다.

상법은 특별이해관계자 소유주식의 발행주식총수 계산에 정함이 없으며, 판례는 발행주식총수에 산입 또는 불산입으로 나뉘고 있다.

- 의결정족수(의결권수) : 불산입
- 의사정족수(발행주식총수) : 산입 등

❖ 계산 예 (의결권 제외, 발행주식총수 산입)

①발행주식총수 10,000주 ②출석주식 8,000주 ③의결권제한주식 2,000주

- 출석주주 의결권 과반수 계산 : 6,000주(8,000-2,000), 3,001주 이상
- 발행주식총수 1/4 계산 : 2,500주(10,000/4) 이상

3) 주주총회의 「비등기임원 보수한도」 결의서 작성 예시

주주총회에서 결의하는 「당기 비등기임원 보수한도 주주총회결의서」 작성을 예시하면 다음과 같다.

✦ 작성 예시① 「비등기임원의 보수한도」 주총결의서

- 주주 겸 비등기임원이 없는 경우

[주주총회의사록]

제ㅇ호 의안 : 비등기임원의 보수한도 승인의 건
의장은 당기 비등기임원의 보수를 다음과 같이 부의하여 심의 및 결의를 요청하여, 이를 출석주주 전원이 찬성하여 승인으로 가결하다.

구분	전기(7기)	당기(8기)
비등기임원의 수	3명	4명
보수총액 및 최고한도액	3억 원	4억 원

✦ 작성 예시② 「주주 겸 비등기임원의 보수한도」 주총결의서

- 주주 겸 비등기임원이 있는 경우

[주주총회의사록]

제ㅇ호 의안 : 당기 비등기임원의 보수한도 승인의 건
의장은 당기 비등기임원의 보수를 다음과 같이 부의하여 심의 및 결의를 요청하여, 주주 겸비등기임원의 의결권을 제외하고 출석주주가 찬성하여 승인으로 가결하다.

구분	전기(7기)	당기(8기)
비등기임원의 수	3명	4명
보수총액 및 최고한도액	3억 원	4억 원

⁘ 작성 예시③ 「퇴직금 등을 제외한 비등기임원의 보수한도」 주총결의서

- 비등기임원이 주주가 아닌 경우
- 정관이나 주주총회 또는 이사회 결의로 결정한 비등기임원의 퇴직금과 정관에 규정한 주식매수선택권 행사이익을 제외하는 경우

[주주총회의사록]

제○호 의안 : 비등기임원의 보수한도 승인 건

의장은 정관 및 주주총회와 이사회의 결의로 정한 퇴직금과 정관에 규정한 주식매수선택권 행사이익을 제외하고 다음과 같이 부의하여 심의 및 결의를 요청하여, 이를 출석주주 전원이 찬성하여 승인으로 가결하다.

구분	전기(7기)	당기(8기)
비등기임원의 수	3명	4명
보수총액 및 최고한도액	3억 원	4억 원

⁘ 작성 예시④ 「직책별 비등기임원의 보수한도」 주총결의서

- 비등기임원이 주주가 아닌 경우
- 주주총회에서 직위별·직책별 비등기임원의 보수를 결정할 때, 비등기임원 전원의 총보수한도액과 직위별 개별 비등기임원의 보수액으로 결정하여야 한다.

[주주총회의사록]

제○호 의안 : 비등임원의 보수한도 승인 건

의장은 당기 비등기임원 전원의 보수한도와 직위별·직책별 비등기임원의 보수를 다음과 같이 부의하여 심의 및 결의를 요청하여, 이를 출석주주 전원이 찬성하여 승인으로 가결하다.

구분	총원	대표	전무	상무
비등기임원의 수	3명	1	1	1
보수총액 및 최고한도액	4억원	2억원	1억원	1억원

5절 이사회의 임원보수한도 결의서

1 이사회의 집행임원 보수한도 결의서

[상법] 제408조의2 (집행임원 설치회사, 집행임원과 회사의 관계)
③ 집행임원 설치회사의 이사회는 다음의 권한을 갖는다.
6. 정관에 규정이 없거나 주주총회의 승인이 없는 경우 집행임원의 보수 결정

1) 이사회의 집행임원 보수한도 결정 개요

집행임원 설치회사의 집행임원 보수는 정관에 규정이 없거나 주주총회의 승인이 없는 경우 이사회의 결의로 결정한다.

🔵 집행임원의 보수한도 결정 시기

집행임원 설치회사의 집행임원 보수는 매사업기 개시일로부터 90일 이내에 이사회를 개최하여 결정한다. 또는 해당 사업기에 집행임원의 증원 및 보수 등 변경이 있는 경우에 수시로 이사회를 개최하여 결정한다.

이사회에서 결정하는 집행임원 보수의 결정 시기 등을 요약하면 다음과 같다.

《 이사회의 집행임원 보수한도 결정 시기 》

구분	집행임원 보수한도 결정 시기	비고
집행임원 보수 결정	• 시기 : 매사업기 개시 3개월 이내	정기이사회
	• 매사업기 중 집행임원의 선임 및 보수 변경이 있을 경우	임시이사회

🔵 이사회의 집행임원 보수한도 결정 내용

이사회 결의로 결정하는 집행임원의 보수는 결의 대상과 인원, 계산기간과 보수의 범위, 보수액, 적용시기 등의 내용을 결의하여야 한다. 이사회 결의 집행

임원 보수결정 내용은 다음과 같다.

《 이사회의 집행임원 보수한도 결정 내용 》

구분	집행임원 보수한도 결정 내용
결의 대상	• 등기집행임원(필수), 비등기집행임원(선택)
대상 인원	• 총원, 1인, 직위별·직책별 인원
계산기간	• 당사업기(당기), 당사업연도, 1년
보수 범위	• 포괄보수, 개별보수 총액 및 최고한도액
적용기간	• 적용시기, 시행일

2) 이사회의 집행임원 보수한도 결의기준

이사회의 집행임원 보수의 결의는 「이사 과반수의 출석과 출석이사의 과반수」로 하여야 한다. 정관으로 그 비율을 높게 정한 경우 그에 따른다(상법§391①).

《 집행임원 보수의 이사회 결의기준 》

구분	이사회의 결의 요건	비고
집행임원의 보수 결정	• 출석: 이사 과반수 출석 • 의결: 출석이사의 과반수	상법§391①

3) 이사회의 집행임원 보수한도 결의서 작성 예시

이사회 결의로 결정하는 당기 집행임원의 보수 결정은 매사업기 또는 매 사업연도 1년간 포괄보수 한도액으로 결정한다. 이사회의 집행임원 보수한도 결의서 작성을 예시하여 다음과 같다.

❖ 작성 예시① 「집행임원 보수한도」 이사회결의서
  • 전기 집행임원의 보수한도 보고
  • 당기 집행임원의 보수한도 결의 요청

```
┌─────────────────────────────────────────────────────────────┐
│                    [ 이사회의사록 ]                           │
│                                                               │
│  제○호 의안 : 집행임원의 보수한도 승인의 건                   │
│  의장은 당기 등기 집행임원의 보수를 다음과 같이 부의하여 심의 │
│  및 결의를 요청하여, 이를 출석이사 전원이 찬성하여 승인으로   │
│  가결하다.                                                     │
│                                                               │
│  ┌──────────────────┬──────────────┬──────────────┐          │
│  │      구분        │   전기(7기)  │   당기(8기)  │          │
│  ├──────────────────┼──────────────┼──────────────┤          │
│  │ 등기 집행임원의 수│     3명      │     4명      │          │
│  ├──────────────────┼──────────────┼──────────────┤          │
│  │ 보수총액 및 최고한도액│  3억 원   │   4억 원    │          │
│  └──────────────────┴──────────────┴──────────────┘          │
└─────────────────────────────────────────────────────────────┘
```

❖ 작성 예시② 「퇴직금 등을 제외한 집행임원의 보수한도」 이사회 결의서

- 정관·총회·이사회 결의로 정한 퇴직금을 제외하고 결의하는 경우

```
┌─────────────────────────────────────────────────────────────┐
│                    [ 이사회의사록 ]                           │
│                                                               │
│  제○호 의안 : 당기 집행임원의 보수한도 승인의 건             │
│  의장은 당기 집행임원의 보수를 정관 규정한 주식매수선택권     │
│  행사이익과 정관·주주총회·이사회의 결의로 정한 퇴직금을      │
│  제외하고 다음과 같이 상정하여 심의 및 결의를 요청하여,       │
│  이를 출석이사 전원이 찬성하여 승인으로 가결하다.            │
│                                                               │
│  ┌──────────────────┬──────────────┬──────────────┐          │
│  │      구분        │   전기(7기)  │   당기(8기)  │          │
│  ├──────────────────┼──────────────┼──────────────┤          │
│  │ 등기 집행임원의 수│     3명      │     4명      │          │
│  ├──────────────────┼──────────────┼──────────────┤          │
│  │ 보수총액 및 최고한도액│  3억 원   │   4억 원    │          │
│  └──────────────────┴──────────────┴──────────────┘          │
└─────────────────────────────────────────────────────────────┘
```

❖ 작성 예시③ 「직위별 집행임원의 보수한도」 이사회결의서

- 집행임원 전원과 직위별 집행임원의 보수한도를 결의하는 경우

```
┌─────────────────────────────────────────────────────────────┐
│                    [ 이사회의사록 ]                           │
│                                                               │
│  제○호 의안 : 당기 집행임원의 보수한도 승인 건               │
│  의장은 등기 집행임원 전원의 보수한도와 직위별 집행임원의     │
│  보수를 다음과 같이 상정하여 심의 및 결의를 요청하여, 이를    │
│  출석이사 전원이 찬성하여 승인으로 가결하다.                 │
│                                                               │
│  ┌──────────────┬──────┬──────┬──────┬──────┐                │
│  │    구분      │ 총원 │ 대표 │ 전무 │ 상무 │                │
│  ├──────────────┼──────┼──────┼──────┼──────┤                │
│  │ 등기 집행임원의 수│ 3명 │  1  │  1  │  1  │                │
│  ├──────────────┼──────┼──────┼──────┼──────┤                │
│  │ 보수총액 및 최고한도액│4억원│2억원│1억원│1억원│           │
│  └──────────────┴──────┴──────┴──────┴──────┘                │
└─────────────────────────────────────────────────────────────┘
```

② 이사회의 비등기임원 보수한도 결의서

> 비등기임원의 보수 결정은 집행임원의 보수 결정을 준용한다.
> ---
> [상법] 제408조의2 ③ 집행임원 설치회사의 이사회는 다음의 권한을 갖는다.
> 6. 정관에 규정이 없거나 주주총회의 승인이 없는 경우 집행임원의 보수 결정

1) 이사회의 「비등기임원 보수한도」 결정 개요

비등기임원의 보수는 정관에 규정이 없거나 주주총회의 승인인 없는 경우 이사회의 결의로 정한다.

◉ 이사회의 비등기임원 보수한도 결정 시기

비등기임원의 보수는 사업기마다 또는 매사업연도 개시일 이후 90일 이내에 결정한다. 비등기임원 보수결정 시기 등을 요약하면 다음과 같다.

《 이사회의 비등기임원 보수한도의 결정 시기 》

구분	비등기임원 보수한도 결정 시기	비고
비등기임원 보수결정	• 시기 : 매사업기 개시 3개월 이내	정기이사회
	• 매사업기 중에 비등기임원 선임 및 보수의 변경이 있을 때	임시이사회

◉ 이사회의 비등기임원 보수한도의 결정 내용

이사회에서 결의하는 비등기임원의 보수한도는 결의 대상과 인원, 계산기간과 보수 범위, 보수한도액, 적용기간과 시기 등으로 명확하게 명시하여 결의하여야 한다. 이사회의 비등기임원 보수한도의 결정 내용은 다음과 같다.

《 이사회의 비등기임원 보수한도의 결정 내용 》

구분	비등기임원 보수결정 내용
결의 대상	• 비등기임원
대상 인원	• 총원, 1인, 직위별 · 직책별 인원
계산기간	• 당사업기(당기), 당사업연도, 1년

《 이사회의 비등기임원 보수한도의 결정 내용 》

구분	비등기임원 보수결정 내용
보수 범위	• 포괄보, 보수총액 및 최고한도액
적용기간	• 적용시기, 시행일

2) 이사회의 「비등기임원 보수한도」 결의기준

비등기임원의 보수 결정을 위한 이사회 결의는 「이사 과반수의 출석과 출석 이사의 과반수」로 하여야 한다. 정관으로 그 비율을 높게 정한 경우 그에 따른 다(상법§391①).

《 비등기임원 보수의 이사회 결의기준 》

구분	이사회의 결의요건	비고
비등기임원의 보수 결정	• 출석: 이사 과반수 출석 • 의결: 출석이사의 과반수	상법§391①

3) 이사회의 「비등기임원 보수한도」 결의서 작성 예시

이사회에서 결정하는 「비등기임원 보수한도 이사회 결의서」 작성을 예시하면 다음과 같다.

⁘ 작성 예시① 「비등기임원 보수한도」 이사회 결의서

• 당기 비등기임원의 보수한도 결의

[이사회의사록]

제○호 의안 : 비등기임원의 보수한도 승인의 건
의장은 당기 비등기임원의 보수를 다음과 같이 이사회에 부의하여 심의 및 결의를 요청하여, 이를 출석이사 전원이 찬성하여 승인으로 가결하다.

구분	전기(7기)	당기(8기)
비등기임원의 수	3명	4명
보수총액 및 최고한도액	3억 원	4억 원

✦ 작성 예시② 「퇴직금 등을 제외한 비등기임원 보수한도」 이사회 결의서

- 정관·주주총회·이사회의 결의로 정한 비등기임원의 퇴직금과 정관에 규정한 주식매수선택권 행사이익을 제외하는 경우

[이사회의사록]

제○호 의안 : 비등기임원의 보수한도 승인의 건

의장은 당기 비등기임원의 보수를 정관 및 주주총회 또는 이사회의 결의로 정한 퇴직금과 정관에 규정한 주식매수선택권 행사이익을 제외하고 다음과 같이 이사회에 부의하여 심의 및 결의를 요청하여, 이를 출석이사 전원이 찬성하여 승인으로 가결하다.

구분	전기(7기)	당기(8기)
비등기임원의 수	3명	4명
보수총액 및 최고한도액	3억 원	4억 원

✦ 작성 예시③ 「직책별 비등기임원 보수한도」 이사회 결의서

- 비등기임원 총원과 직위별 개별 보수한도를 결의하는 경우

[이사회의사록]

제○호 의안 : 당기 비등기임원의 보수한도 승인의 건

의장은 당기 비등기임원 총원과 직책별 보수한도를 다음과 같이 부의하여 심의 및 결의를 요청하여, 이를 출석이사 전원이 찬성하여 승인으로 가결하다.

구분	총원	영업본부장	생산본부장	관리본부장
비등기임원의 수	3명	1	1	1
보수총액 및 최고한도액	4억원	2억원	1억원	1억원

3장

임원 급여의 보수규정
작성과 제정

3장은

임원 급여의 보수규정 설계·작성·제정 방법을 제시한다.

- 월급제 급여의 임원보수규정 작성방법
- 호봉제 급여의 임원보수규정 작성방법
- 포괄연봉제 급여의 임원보수규정 작성방법
- 성과연봉제 급여의 임원보수규정 작성방법
- 임원 급여의 보수규정 결의와 제정 방법

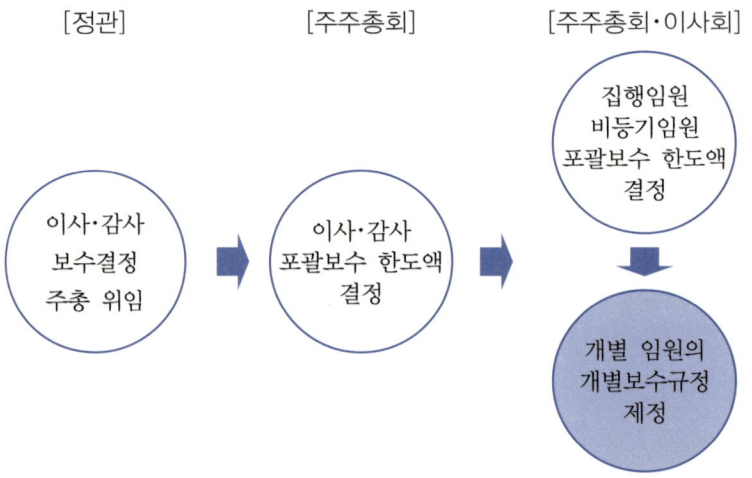

1절 임원 급여의 결정과 지급기준

① 상법상 임원 급여의 결정기준

🔹 이사 급여의 결정기준

이사의 보수는 정관이나 주주총회의 결의로 정한다(상법 제388조), 개별 이사의 급여는 정관이나 주주총회의 결의로 정한 이사의 보수한도액 이내에서 주주총회 또는 주주총회의 위임으로 이사회의 결의로 정한다. 또한 동 결의에 의하여 개별 이사의 구체적인 급여 지급기준을 정한 「임원급여규정」 또는 「임원보수규정」에 의한 급여액으로 한다.

- 주주총회 또는 이사회의 결의로 정한 「임원보수규정」의 급여액

《 이사 급여의 결정기준 》

정관 · 주주총회	주총 · 이사회
이사의 포괄보수 한도액* 결정	이사의 개별보수 급여액* 결정
*보수총액 및 최고한도액	*임원보수규정의 개별보수 급여 포함

> **판례** 개별 이사의 지급액 결정 요건
> - (대법원 2020.6.4. 2016다241515, 2016다241522).
> 이사의 보수는 정관 또는 주주총회에서 임원의 보수총액 내지 한도액만을 정하고 개별 이사에 대한 지급액 등 구체적인 사항을 이사회에 위임하는 것은 가능하지만, 이사의 보수에 관한 사항을 이사회에 포괄적으로 위임하는 것은 허용되지 아니한다. 주주총회에서 이사의 보수에 관한 구체적 사항을 이사회에 위임한 경우에도 이를 주주총회에서 직접 정하는 것도 상법이 규정한 권한의 범위에 속하는 것으로서 가능하다.

🔹 감사 급여의 결정기준

감사의 보수는 정관이나 주주총회의 결의로 정한다(상법 제415조). 감사의 급여는 정관이나 주주총회의 결의로 정한 감사의 보수한도액 이내에서 주주총회

또는 주주총회의 위임으로 이사회의 결의로 정한다. 또한, 동 결의에 의하여 개별 감사의 급여 지급기준을 정한 「임원보수규정」으로 정한다.

《 감사 급여의 결정기준 》

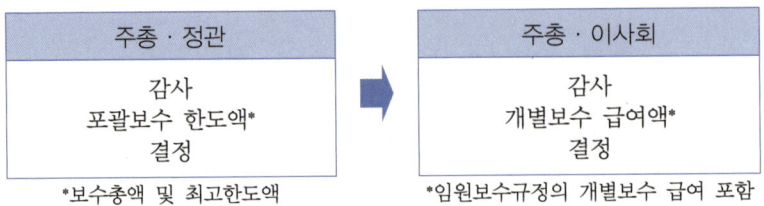

집행임원 급여의 결정기준

집행임원의 보수는 정관에 규정이 없거나 주주총회의 승인이 없는 경우 이사회에서 정한다(상법§408조의2). 개별 집행임원의 급여는 이사회(또는 정관·주주총회)에서 결정한 포괄보수 한도액에서 이사회(또는 정관·주주총회) 결의로 정한 급여액 또는 개별 집행임원의 급여 지급기준을 정한 "임원보수규정"에 의한 급여액으로 한다.

《 집행임원 급여의 결정기준 》

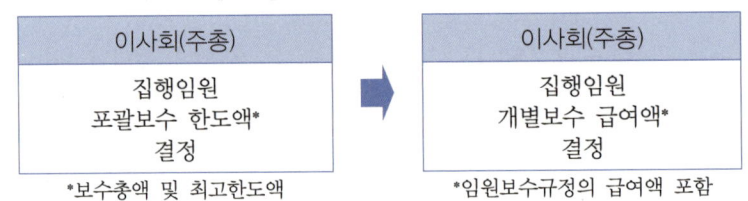

비등기임원 급여의 결정기준

비등기임원의 보수는 정관에 규정이 없거나 주주총회의 승인이 없는 경우 이사회에서 정한다. 비등기임원의 급여는 이사회(또는 정관·주주총회)에서 결정한 포괄보수 한도에서 이사회(또는 정관·주주총회) 결의로 정한 급여액 또는 비등기임원의 개별보수 급여 지급기준을 정한 "임원보수규정"에 의한 급여액으로 한다.

《 비등기임원 급여의 결정기준 》

이사회(주총)
비등기임원 포괄보수 한도액* 결정

*보수총액 및 최고한도액

➡

이사회(주총)
비등기임원 개별보수 급여* 결정

*임원보수규정의 급여액 포함

② 노동법상 임원 급여의 임금기준

➲ 근로자성 임원의 임금 범위

❖ 근로자성 임금의 판단

형식상 임원의 지위에 있더라도, 사용자와 근로계약을 체결하고 사용자의 지휘·감독 아래 종속적으로 근로를 제공하는 경우에는 근로기준법상 근로자로 인정될 수 있다. 이 경우 해당 임원이 지급받는 보수는 명칭이나 지급 형식과 관계없이 근로의 대가에 해당한다면 근로기준법상 임금으로 본다.

❖ 근로자성 임금의 범위

근로자성이 인정되는 임원의 경우, 기본급은 물론 고정적으로 지급되는 직무수당·직책수당·성과급 등도 원칙적으로 임금에 포함되며, 근로기준법에 따른 임금 지급 원칙, 임금체불 책임, 퇴직금, 연장·야간·휴일근로수당 등의 규정이 적용될 수 있다.

결국 근로자성 임원의 임금 여부는 "임원 보수"라는 형식이 아니라, 근로 제공에 대한 대가성 및 종속적 근로관계의 존재 여부에 의해 결정된다.

- 직무수당, 성과급
- 연장·야간·휴일근무수당
- 퇴직금

🔵 근로자성 임원의 최저임금 적용

형식상 임원의 지위에 있더라도, 실질적으로 사용자와 근로계약을 체결하고 사용자의 지휘·감독 아래 종속적으로 근로를 제공하는 경우에는 근로기준법상 근로자로 인정될 수 있으며, 이 경우 최저임금법이 전면 적용된다.

즉, 근로자성이 인정되는 임원에게 지급되는 보수는 그 명칭이나 지급 형식과 관계없이 근로의 대가로서 최저임금 이상이어야 하며, 그 이하 임금을 지급하면 최저임금 위반에 해당한다. 임원이라는 이유만으로 최저임금 적용이 배제되지는 않는다.

- 근로자성 임원의 최저임금 적용

🔷 근로자성 임원의 보수 계약 등

근로자성 임원에 대하여 최저임금뿐만 아니라, 퇴직금, 연장·야간·휴일근로수당 등 근로관계 법령 전반이 함께 적용될 수 있으며, 임용계약 및 근로계약상 임금, 임원보수계약, 임원보수제규정 등의 설계와 제정에 최저임금의 적용에 대한 사전검토가 필수적이다.

- 임용계약 및 근로계약상 임금
- 임용보수계약
- 임원보수제규정

③ 세법상 임원 급여의 지급기준

1) 임원 급여의 지급기준

법인이 임원에게 지급하는 상여금 중 정관·주주총회·사원총회 또는 이사회의 결의에 의하여 결정된 급여지급기준에 의하여 지급하는 금액을 초과하여 지급한 경우 그 초과금액은 이를 손금에 산입하지 아니한다(법인영 제43조 제2항).

구분	임원급여 지급기준	법규
임원의 급여	• 정관·주주총회 또는 이사회의 결의로 정한 급여지급기준에 의한 금액	법영§43②

이사 급여의 지급기준

세법상 이사 급여는 정관 또는 주주총회에서 포괄보수 최고한도액을 정한 경우 그 포괄보수 한도액에서 주주총회 또는 이사회의 결의로 정한 개별 이사의 급여와 급여 지급기준을 정한 임원보수규정에 의한 개별보수 급여이다.

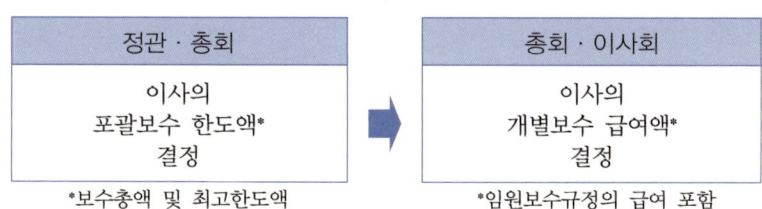

감사 급여의 지급기준

세법상 감사 급여의 지급기준은 이사 급여의 지급기준과 같다.

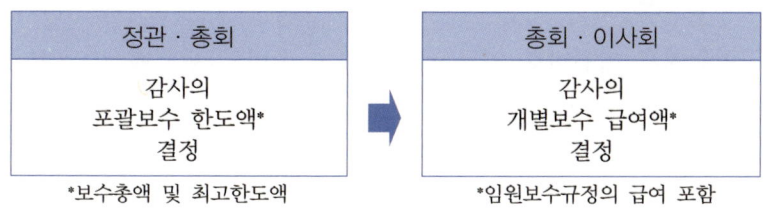

📩 집행임원 급여의 지급기준

세법상 집행위원 급여 지급기준은 정관·주주총회의 또는 이사회의 결의로 포괄보수 최고한도액을 정한 경우 그 포괄보수 한도액에서 주주총회 또는 이사회의 결의로 정한 개별 집행임원의 급여액 또는 집행임원의 급여 지급기준을 정한 「임원보수규정」에 의한 개별 급여이다.

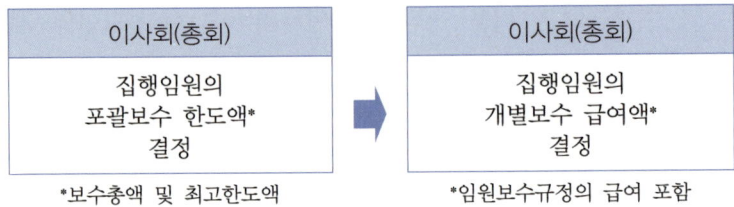

이사회(총회)		이사회(총회)
집행임원의 포괄보수 한도액* 결정	➡	집행임원의 개별보수 급여액* 결정
*보수총액 및 최고한도액		*임원보수규정의 급여 포함

📩 비등기임원 급여의 지급기준

비등기임원 급여의 지급기준은 집행임원 급여의 지급기준과 같다.

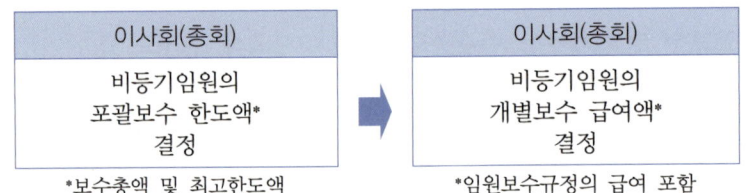

이사회(총회)		이사회(총회)
비등기임원의 포괄보수 한도액* 결정	➡	비등기임원의 개별보수 급여액* 결정
*보수총액 및 최고한도액		*임원보수규정의 급여 포함

2) 임원 급여의 손금산입

임원의 급여는 사전에 정관이나 주주총회 또는 이사회의 결의로 정한 급여로 확정된 급여지급기준에 의하여 지급하는 인건비 이어야 한다.

📩 임원의 인건비

법인이 임원에게 인건비로 지급하는 금액은 손비의 범위에 포함한다. (법§19 ①, 법영§19:3)

🔵 급여지급기준에 의한 급여

법인이 임원에게 지급하는 급여 중 정관·주주총회 또는 이사회의 결의에 의하여 결정된 급여지급기준에 의하여 지급하는 금액은 이를 손금에 산입한다. (법영§43조②)

🔵 해산에 의한 퇴직위로금

법인의 해산에 의하여 퇴직하는 임원 또는 직원에게 지급하는 해산수당 또는 퇴직위로금 등은 최종사업연도의 손금으로 한다. (법영§43⑤)

3) 임원 급여의 손금불산입

🔵 급여지급기준 초과 급여

정관·주주총회 또는 이사회의 결의에 의하여 결정된 급여지급기준에 의하여 지급하는 금액을 초과하여 지급한 경우 그 초과금액은 이를 손금에 산입하지 아니한다. (법영§43조②)

🔵 동일직위 초과 금액

법인이 지배주주 등(특수관계에 있는 자를 포함한다)인 임원에게 정당한 사유 없이 동일직위에 있는 지배주주 등 외의 임원에게 지급하는 금액을 초과하여 보수를 지급한 경우 그 초과 금액은 이를 손금에 산입하지 아니한다. (법영§43③)

⋇ 비상근 임원의 급여

상근이 아닌 법인의 임원에게 지급하는 보수는 법인세법상 부당행위계산의 부인(법§52) 규정에 해당하는 경우를 제외하고 이를 손금에 산입한다. (법영§43④).

비상근이사의 실제 직무수행 없이 형식적으로 지급된 고액 보수는 법인세법이 요구하는 통상성 요건을 충족하지 못하면 전액 손금불산입으로 처리한다(서울고법 2019누39439).

2절 임원 보수와 급여 지급의 유의사항

① 임원 과다보수의 판단기준과 처분 여부

법인이 정관이나 주주총회 또는 이사회의 결의로 지배주주인 임원(특수관계인을 포함한다)에게 지급한 보수라 하더라도, 그 금액과 지급 방식이 법인의 영업이익 규모에 비해 과도하거나, 다른 임원 또는 동종업계 임원 보수와 현저한 격차가 있고, 정기성·계속성이나 영업이익 변동과의 합리적 연관성이 없으며, 배당을 하지 않은 채 법인의 소득을 감소시키려는 정황이 인정되는 경우에는 이를 정상적인 직무대가로 볼 수 없다.

이 경우 해당 보수는 실질적으로 법인에 유보된 이익을 분여하기 위한 이익처분에 해당하므로, 형식상 보수나 급여, 상여금의 명칭을 사용하였더라도 법인세법 시행령 제43조에 따라 손금불산입 대상으로 보아야 한다.

- 법인의 이익 규모에 비해 과도한 경우
- 동종업계 임원 보수와 현저한 격차가 있는 경우
- 정기성·계속성이나 영업이익의 변동과 합리적 연관성이 없는 경우
- 주주임원이 배당 없이 급여를 빙자하여 보수를 지급하는 경우
- (대법원 2015두60884, 2017.9.11.)

② 동일직위를 초과하는 지배주주 등 임원의 보수

정관이나 내부규정에 보수한도를 정하고, 그 한도에서 정당한 내부절차를 거쳤는지 아닌지에 상관없이 지배주주 등인 임원에게 동일직위에 있는 임원에게 지급하는 금액을 초과하는 보수를 지급함으로써 법인의 조세 부담을 부당하게 경감시키거나 회피하는 행위를 규제하려는 것이므로 "정관이나 내부규정에 보수한도를 정하고 그에 따른 정당한 내부절차를 거친 이상 정당한 인건비에 해당

한다"는 주장은 이유 없다고 판결하였다.

- (행법 2012구합29240, 2013.3.15)

③ 지배주주인 임원 보수의 동일직위에 관한 판단기준

법인세법 시행령 제43조 제3항의 규정에 의하여 지배주주인 임원 또는 사용인에게 정당한 사유 없이 동일직위에 있는 지배주주 등 외의 임원 또는 사용인에게 지급하는 금액을 초과하여 보수를 지급한 경우 그 초과 금액을 손금불산입함에 있어, 동일직위 여부는 법인등기부상 직위 등에 관계없이 실제 종사하는 사실상의 직무를 기준으로 판단하는 것임.

- (법인 46012-1526, 1999.4.23)

④ 부당행위계산으로 판단한 비상근임원의 보수

특수관계인을 이사회의사록에 비등기이사로 임명한 것으로 기재하고 실제로는 근무하지 않은 비상근임원에게 동일직위 임원과 같은 급여를 지급하였다면, 이는 근로의 대가로 지급한 인건비가 아니므로 부당행위계산으로 판단하여 손금부인으로 지급액 전액에 대하여 세금추징이 타당하다고 판단한 판례이다.

- (조심 2009부0241, 2009.06.11)

법원은 원고의 이사A 감사B가 사실상 회사에 상시 출근하지 않는 임원으로 피고가 이 사건 급여를 원고의 이익을 부당히 분여한 경우에 해당한다고 보아 법인세법 제52조 부당행위계산의 부인 규정에 의하여 손금부인하고, 원고에 대하여 법인세를 각각 부과한 이 사건의 부과 처분에 어떠한 위법이 있다고 볼 수는 없다고 판결하였다.

- (제주지방법원 2009구합670-2010.2.3.)

⑥ 급여지급기준을 초과하는 임원의 보수

법인이 임원에게 지급하는 급여가 정관과 주주총회 또는 이사회 결의로 정한 급여지급기준을 초과하는 경우, 그 초과분은 손금에 산입되지 않는다.

- (조심 2014서1536-2015.5.11.)

⑦ 주주총회결의서 없이 지급하는 임원의 보수

정관에서 임원 보수를 주주총회 결의로 정하도록 규정하고 있다면, 임원이 급여를 지급받기 위해서는 주주총회 결의가 필요하다. 1인 회사의 경우 유일한 주주가 주주총회에 출석하면 전원총회로 성립하므로 별도의 소집 절차는 필요하지 않다. 다만 실제 총회를 개최하지 않았더라도 주주총회의사록이 작성되어 있다면 결의가 있었던 것으로 볼 수 있으나, 주주총회의사록조차 없는 경우에는 다른 증거가 없는 한 주주총회 결의가 있었다고 볼 수 없다.

- (서울행법 2015구합70676-2016.4.21, 조심 2014서1536-2015.5.11.)

⑧ 임시주총에서 특정임원의 급여를 인상한 경우

임시주주총회에서 임원의 급여를 인상하였더라도, 그 인상액이 법인세법상 급여지급기준 범위 내에서 정당하게 결정된 경우에 한하여 손금에 산입된다. 반면, 법인세법 제43조에서 정한 기준을 초과하는 금액은 손금불산입 대상이 된다. 특히 특정임원의 급여만 인상하고 다른 임원의 급여는 동결한 경우, 또는 퇴직을 앞둔 임원의 급여를 과도하게 인상하여 퇴직금 산정에 반영한 경우에는 부당행위로 평가되어 인상된 급여 및 그에 따라 증가한 퇴직금 모두 손금불산입될 수 있다.

- (국세청: 서면2팀-1089, 2005.7.14)

⑨ 관계회사의 대표이사를 겸직하는 임원의 급여

A법인 임원이 특수관계에 있는 B법인의 대표이사를 겸직하는 경우 각 법인에서 업무와 관련하여 실제로 노무를 제공한 경우에는 그에 대한 급여는 각 법인 지급하여야 한다. A법인이 B법인의 인건비를 지급하는 경우 그 인건비는 손금불산입 한다. 다만, 각 법인이 인건비를 지급하는 경우 손금산입 대상이 된다. 이 경우 급여와 퇴직금은 각 법인에 대한 업무 기여도, 지급규정, 용역계약의 내용, 재직기간 등을 기준으로 합리적으로 배분된 범위 내에서 각 법인의 손금으로 산입할 수 있다.

- (서면2팀-1921, 2005.11.28.)

⑩ 이사의 급여가 대표이사 급여를 초과하는 경우

원고인 법인의 이사가 원고의 경영 전반의 정책 결정과 업무집행에 직간접적으로 참여하였다는 등의 기여도를 고려하더라도 원고가 지급한 보수는 이사의 직무수행에 대하여 합리적인 대가관계가 인정되는 금액이라고 보기는 어려우므로 원고가 이사에게 대표이사의 보수액을 초과하여 이 사건 급여액을 지급한 데에는 정당한 사유를 인정하기는 어렵다고 판단하여 그 초과액은 손금불산입한 것이 타당하다고 판결한 건이다.

- (수원지법 2012구합8336-2012.11.28., 조심 2012중0499-2012.3.27.)

⑪ 감사의 급여가 대표이사 급여를 초과하는 경우

법인 지배주주인 감사의 급여가 명예회장·부사장·상무·재무이사 등 비교 대상 임원의 급여를 초과 지급한 급여에 대하여 개별적·구체적 급여 지급기준이 전혀 정해져 있지 않고, 성과를 평가할 방법도 전혀 확인할 수 없으며 다른 임원들보다 뚜렷한 공로가 있다고 볼만한 자료가 없어, 세무당국이 비교 대상 임원 급여의 평균액을 초과하는 금액은 손금불산입 처분한 건이다.

- (대전지방법원 2015구합104946, 2016.6.30.)

3절 월급제 급여의 임원보수규정 설계와 작성

① 월급제 임원보수규정의 작성 개요

◉ 임원 보수의 구성

임원의 보수는 임원에게 지급하는 보수의 종류로 다음과 같이 구성한다.

- 급여(기본급 등)
- 상여금
- 퇴직금
- 기타 보수

◉ 월급제 급여의 작성

임원에게 연간 지급하는 보수 중에서 급여로 월급제 급여제도는 매월 고정급을 정기적으로 지급하는 급여이다

◈ 월급의 계산기간

임원의 월급제 급여의 계산기간은 매월 초일부터 말일까지 1개월간의 근무에 대한 급여로 계산한다.

- 월 계산기간 : 매월 초일부터 1개월간 급여
- 년 계산기간 : 매사업기 1개월부터 12개월까지 1년간 급여

◈ 월급제 급여의 구성

임원의 월급제 급여는 기본급 등으로 다음과 같이 구성할 수 있다.

- 기본급
- 직책수당
- 기타 제 수당 : 자격증 수당

◈ 월급제 급여의 지급

임원의 월급제 급여는 매월 1회 이상 정기적으로 지급하여야 한다.

🔄 상여금 · 퇴직금 등 작성

월급제 임원보수규정에서 상여금과 퇴직금, 기타 보수는 별도로 제정한 지급 규정에 의하여 지급함을 규정한다.

- 상여금 : 임원상여금규정으로 위임
- 퇴직금 : 임원퇴직금규정으로 위임
- 기타 보수 : 임원복리후생비규정으로 위임

② 월급제 임원보수규정의 작성 방법

● 규정의 작성 항목

임원 월급제 임원보수규정의 작성 항목은 임원 급여의 결정과 계산, 급여의 산정·지급 및 승급(昇給)에 관한 사항 등으로 구성한다.

- 제정일, 규정 목적
- 적용 범위 및 지급 대상
- 급여의 구성, 산정기간
- 급여액, 차등 지급기준
- 지급요건, 지급방법, 지급제한
- 지급시기, 시행일

● 규정의 구성 체계

월급제 임원보수규정의 구성 체계는 다음과 같다.

《 월급제 임원보수규정 구성 체계 》

(총칙)	통칙 (총칙)	목적
		적용 범위
		정의

⇩

	본칙	임원 보수 및 월급제 구성
		월급제 급여 계산
		직위별 월급 책정

⇩

| | 보칙 | 규정의 개폐 |

⇩

부칙	시행일 / 경과규정
별표	별표
서식	서식

🔵 규정의 명칭

✦ 규정 명칭의 작성

지급규정의 명칭을 작성한다.

- 예) 임원보수규정
- 예) 임원보수규정

✦ 제정일 및 개정일을 작성

지급규정의 제정과 개정일 등을 작성한다.

- (제정 201x. 1. 20.)
- (개정 202x. 2. 20.)

🔵 총칙 및 통칙의 작성

✦ 규정의 목적

지급규정의 목적을 작성한다.

- 규정 적용의 회사명
- 규정 적용의 임원
- 규정 내용의 임원 급여

✦ 적용의 범위 등

지급규정의 적용 범위와 대상을 작성한다.

- 등기이사, 등기감사
- 등기 집행임원
- 비등기임원

✦ 용어의 정의

지급규정의 용어의 정의를 작성한다.

- 임원의 범위
- 급여의 구분

- 계산기간 등

🔵 본칙의 작성

월급제 임원 급여의 결정·계산·지급방법, 급여의 산정기간·지급시기 및 승급 (昇給)에 관한 사항 등을 작성한다.

❖ 월급제 임원 급여의 구성

매사업연도 1년간 월급제 임원 급여의 구성을 규정한다.
- 기본급
- 제 수당
- 기타 보수

❖ 임원 급여의 금액 등

매사업연도 1년간 월급제 임원 급여의 지급액을 규정한다.
- 기본급 : 예) 월 400만 원
- 직책수당 : 예) 50만원

❖ 지급 시기 등

매사업연도 1년간 월급제 임원 급여의 지급 시기를 작성한다.
- 기본급 : 월정 기본급을 매월 말일에 지급한다.
- 직책수당 : 월정 기본급 지급일
- 상여금 : 임원상여금규정에 의한 지급일

🔵 보칙의 작성

본칙 규정 외 추가적 사항을 작성한다.

❖ 규정 개폐 등

지급규정의 개정 및 폐지의 결의 기관을 작성한다. 일반적으로 주주총회 또는 이사회의 결의로 개폐하다.

📍 부칙의 작성

❖ 시행일

월급제 임원보수규정의 시행일을 규정한다.

- 이 규정은 202○○년 3월 1일부터 시행한다.

❖ 소급 적용

월급제 임원보수규정의 소급 적용을 규정한다.

- 이 규정은 202○○년 1월 1일부터 소급하여 시행한다.

❖ 경과규정

월급제 임원보수규정의 제정 및 개정 이후의 시행일 규정한다.

- 이 규정 제○조는 202○○년 7월 1일부터 시행한다.

❸ 월급제 임원보수규정의 작성 예시

월급제 임원보수규정

(제정 20 . .)

〈총 칙〉

제1조(목적)

　이 규정은 ○○주식회사(이하 "회사"라 한다) 임원의 보수와 급여의 지급기준에 관하여 정함을 목적으로 한다.

제2조(적용 범위)

　① 이 규정은 회사의 임원에게 적용한다.

> 　이 규정은 회사에 재임하는 이사와 감사에게 적용한다.

　② 이 규정은 정관 및 주주총회 또는 이사회의 결의로 정한 임원의 보수한도를 적용한다.

제3조(임원의 정의)

　이 규정은 다음 직책의 등기임원과 비등기임원을 말한다.

　　1. 사장 부사장, 전무, 상무

　　2. 본부장

　　3. 기술연구소 소장

　　4. 감사

제4조(임원 보수와 급여의 구성)

　① 임원의 보수는 다음과 같이 구성한다.

　　1. 기본급 등 급여

　　2. 상여금 및 성과급

　　3. 퇴직금

    4. 기타 보수

② 임원의 급여는 다음과 같이 구성한다.

    1. 기본급

    2. 직책수당

    3. 초과근무수당

    4. 기타 수당

제5조(기본급의 계산)

① 매사업연도 월 기본급은 매월 초일부터 말일까지 1개월간에 근속에 대한 급여로 계산한다.

② 기본급의 근무시간은 일 8시간, 주 40시간, 월 209시간으로 한다.

제6조(이사의 기본급)

매사업연도 1년간 또는 1개월간 대표이사 사장 등 직위별 기본급은 다음과 같다.

대상	기본급	
	년	월
대표이사 사장	10,800만원	900만원
부사장	8,400만원	700만원
전무	7,200만원	600만원
상무	6,000만원	500만원

제7조(감사의 기본급)

매사업연도 1년간 또는 1개월간 비상근 감사의 기본급은 다음과 같다.

대상	기본급	
	년	월
비상근 감사	1,440만원	120만원

제8조(본부장 등 기본급)

매사업연도 1년간 또는 1개월간 본부장의 기본급은 다음과 같다.

대상	기본급	
	년	월
생산본부장	5,400만원	450만원
영업본부장	5,400만원	450만원
관리본부장	5,400만원	450만원
기술연구소장	7,200만원	600만원

제9조(직책수당의 지급)

임원에게 직책수당을 매월 다음같이 지급한다.

대상	직책수당(월)	(월) 직책수당(년)
사장	200만원	2,400만원
전무	100만원	1,200만원
상무	70만원	840만원
본부장	60만원	720만원
기술연구소장	50만원	600만원

제10조(초과근무수당의 지급)

① 생산본부장, 기술연구소장이 연장·야간·휴일 근무를 한 경우에는 초과 근무수당을 지급한다.

② 포과근무수당은 초과근무시간에 대하여 기본급 시급의 50%를 가산하여 가산수당으로 계산한다.

제11조(복리후생 수당의 지급)

임원에게 복리후생 수당을 매월 다음과 같이 지급한다.

대상	복리후생수당	
	교통비	식대
사장, 전무, 상무	월 50만원	30만원
본부장, 기술연구소장	월 30만원	월 20만원

제12조(상여금 및 퇴직금 등 지급)

① 임원상여금 지급은 주주총회 또는 이사회의 결의로 정한 임원상여금규정 에 의한다.

② 임원퇴직금 지급은 주주총회 또는 이사회의 결의로 정한 임원퇴직금규정에 의한다.

③ 임원의 주식매수선택권 권리와 행사는 정관이나 주주총회의 결의로 정한 임원주식매수선택권규정에 의한다.

④ 임원복리후생비 급여는 주주총회 또는 이사회의 결의로 정한 임원복리후생비규정에 의한다.

제13조(급여의 지급)

① 기본급 및 제 수당은 매월 ○○일에 지급한다.

② 제1항의 급여는 현금으로 임원명의 은행계좌로 지급한다.

제14조(지급의 제한)

① 기본급은 근무하지 않은 날 및 시간은 지급하지 아니한다.

② 시간외근무수당은 이사와 감사에게는 지급하지 아니한다.

제15조(급여의 계약)

① 임원급여계약은 이 규정을 준수하여 체결한다.

② 임원급여계약의 내용이 이 규정과 다른 경우 이 규정의 내용을 우선 적용한다.

제16조 (규정의 개폐)

이 규정의 개정 및 폐지는 이사회의 결의로 한다.

이 규정의 개정 및 폐지는 주주총회의 결의로 한다.

〈부칙〉

제1조(시행일)

이 규정은 202○년 ○○월 ○○일부터 시행한다.

4절 호봉제 급여의 임원보수규정 설계와 작성

① 호봉제 임원보수규정의 작성 개요

🔵 임원 보수의 구성

호봉제 임원보수규정은 호봉제 급여를 임원 보수 중 급여의 일부로 구성한다. 임원의 연간 보수는 다음과 같이 구성한다.

1. 기본급 등 급여
2. 상여금 및 성과급
3. 퇴직금
4. 기타 보수

🔵 호봉제 급여의 개요

호봉제 임원 급여는 근속연수 또는 재임연수를 기준으로 호봉을 기본급으로 책정하여 근속연수에 따라 지급하는 급여제도로 호봉은 1년마다 승급을 원칙으로 한다.

- 기본급 호봉의 책정 : 근속기간 또는 재임기간
- 기본급 호봉의 승급 : 1년 마당

호봉제 임원 급여는 근속연수별 호봉제와 직위별 호봉제로 구분할 수 있다. 근속연수별 호봉제는 기본급을 근속연수별로 호봉을 책정하고, 직위별 호봉제는 기본급을 직위별 재임연수로 호봉을 책정한다.

- 근속연수별 호봉제
- 직위별 호봉제

🔵 호봉제 급여의 구성

호봉제 임원 급여는 기본급을 호봉으로 책정하고, 기본급, 상여금, 제수당으로 구성한다.

- 기본급 호봉제
- 정기상여금
- 제 수당 : 직책수당, 자격수당, 복리후생수당, 생산수당, 영업수당, 초과 근무수당

호봉제 기본급의 설계

재임연수별 호봉제

재임기간 1년을 단위로 호봉을 정하여, 재임기간 1년에서 10년 또는 그 이상의 기간을 정하여 재임연수별 호봉제를 설계하여 시행할 수 있다.

《 재임연수별 호봉제 임원 급여 》

(단위, 만원)

호봉	기본급(년)	호봉	기본급(년)	호봉	기본급(년)	호봉	기본급(년)
1	4,000	6	6,000	11	8,000	16	10,000
2	4,400	7	6,400	12	8,400	17	10,400
3	4,800	8	6,800	13	8,800	18	10,800
4	5,200	9	7,200	14	9,200	19	12,200
5	5,600	10	7,600	15	9,600	20	12,600

직위별 호봉제

근속기간 1년을 단위로 직위별 호봉을 정하여 직위별 근속기간 1년에서 5년 또는 그 이상의 직위별 근속기간으로 호봉제를 설계하여 시행할 수 있다.

《 직위별 호봉제 임원 급여 》

(단위, 만원)

호봉	사장	전무	상무	본부장	비상근 감사
1	7,000	6,000	5,000	4,000	2,000
2	7,700	6,400	5,400	4,400	-
3	8,400	6,800	5,800	4,800	-
4	8,500	7200	6,200	5,200	-
5	9,200	7,600	6,200	5,600	-

⊙ 제 수당 및 상여금 설계

⊹ 제 수당

호봉제 임원급여제도를 운용하는 기업은 호봉제 급여의 단점을 보완하기 위하여 기본급 호봉에 제 수당을 추가하여 제 수당 급여제도를 운용할 수 있다.

- 직무수당 : 직책수당, 자격수당, 영업수당, 생산수당 등
- 복리후생수당
- 초과근무수당
- 기타 수당 등

⊹ 정기상여금

호봉제 임원급여제도를 운영하는 기업은 호봉제 급여의 단점을 보와하기 위하여 기본급 호봉에 정기상여금을 추가하여 임원상여금 급여제도를 운용할 수 있다.

- 격월제(2개월) 정기상여금
- 분기제(3개월) 정기상여금
- 반기제(6개월) 정기상여금

② 호봉제 임원보수규정의 작성 방법

⭐ 호봉제 임원보수규정의 작성 항목

임원 호봉제 임원보수규정의 작성 항목은 임원 급여의 결정과 계산, 급여의 산정·지급 및 승급(昇給)에 관한 사항 등으로 구성한다.

- 제정일, 규정 목적
- 적용 범위 및 지급 대상
- 용어의 정의
- 호봉의 구성, 산정기간
- 급여액, 차등 지급기준
- 지급요건, 지급방법, 지급제한
- 지급시기, 시행일

⭐ 호봉제 임원보수규정의 구성 체계

호봉제 임원보수규정의 구성 체계는 다음과 같다.

《 호봉제 임원보수규정 구성 체계 》

(총칙)	통칙 (총칙)	목적
		적용범위
		정의
		⇩
	본칙	급여 구성/계산
		직위별 호봉
		지급 / 제한
		⇩
	보칙	규정의 개폐
		⇩
부칙		시행일 / 경과규정
별표		호봉표
서식		급여계약서

🔵 총칙·통칙의 작성

호봉제 임원보수규정에 모두 적용하는 사항을 규정한다.

❖ 제정 및 개정일

호봉제 임원보수규정의 제정 및 개정일 등을 작성한다.

- (제정 : 201x. 1. 20.)
- (개정 : 202x. 2. 20.)

❖ 규정의 목적

호봉제 임원보수규정의 목적을 규정한다.

- 규정 제정의 회사명
- 규정 적용의 임원
- 규정 적용의 급여

❖ 적용의 범위 등

호봉제 임원보수규정의 적용 범위와 대상을 규정한다.

- 등기이사, 등기감사
- 등기 집행임원
- 비등기임원

❖ 용어의 정의

호봉제 임원보수규정의 용어를 정의한다.

- 임원의 범위
- 호봉의 정의
- 호봉의 계산 등

🔵 본칙의 작성

임원의 호봉제 급여의 결정·계산·지급방법, 급여의 산정기간·지급시기 및 승급(昇給)에 관한 사항 등을 규정한다.

임원 급여의 구성

매사업연도 1년간 지급할 임원 급여의 구성을 규정한다.

- 기본급
- 상여금, 성과급
- 제 수당
- 기타 보수

임원 급여의 금액 등

매사업연도 1년간 적용할 호봉제 임원 급여의 지급액을 규정한다.

- 기본급 : 월 400만 원
- 직책수당 : 월 50만원
- 상여금 : 임원상여금규정에 의한 상여금액

지급 시기 등

매사업연도 호봉제 임원 급여의 지급시기를 규정한다.

- 월정 기본급 : 매월 말일
- 직책수당 : 월정 기본급 지급일
- 상여금 : 임원상여금규정에 의한 지급일

보칙의 작성

본칙 규정 외 추가적 사항을 규정한다.

▶ 규정의 개정 등

호봉제 임원보수규정의 개정 및 폐지는 주주총회 및 이사회의 결의로 한다.

부칙의 작성

시행일

호봉제 임원보수규정의 시행일을 규정한다.

- 이 규정은 202x년 1월 1일부터 시행한다.

소급 적용

호봉제 임원보수규정의 소급 적용을 규정한다.

- 이 규정은 202x년 1월 1일부터 소급하여 시행한다.

경과규정

호봉제 임원보수규정의 경과 후 적용 규정한다.

- 이 규정 제○○조는 202x년 7월 1일부터 시행한다.

③ 호봉제 임원보수규정의 작성 예시

호봉제 임원보수규정

(제정 202 . .)

〈총 칙〉

제1조(목적)

이 규정은 ○○주식회사(이하 "회사"라 한다) 개별 임원의 급여지급기준에 관하여 정함을 목적으로 한다.

제2조(적용범위)

① 이 규정은 회사에 재임하는 임원에게 적용한다.

> 이 규정은 회사에 재임하는 이사와 감사에게 적용한다.

② 이 규정은 정관이나 주주총회 또는 이사회의 결의로 정한 임원의 보수한도를 적용한다.

제3조(임원의 정의)

회사의 임원은 다음 직책의 등기임원과 비등기임원을 말한다.

1. 회장, 사장, 부사장, 전무, 상무
2. 본부장
3. 기술연구소장
4. 감사

제4조(임원보수와 급여의 구성)

① 임원의 보수는 다음과 같이 구성한다.

1. 급여
2. 상여금
3. 퇴직금
4. 기타 보수

② 임원의 급여는 다음과 같이 구성한다.

1. 기본급

2. 상여금

3. 제 수당

제5조(기본급의 계산)

① 기본급은 매사업연도에 매월 정기적으로 지급한다.

② 기본급은 매월 초일부터 말일까지 1개월간 근속기간으로 한다.

제6조(이사의 기본급)

매사업연도 상근이사의 기본급을 별표1 임원기본급호봉을 다음과 같이 지급한다.

대상	기본급
대표이사 사장	10호봉 급여
사내이사 전무	7호봉 급여
사내이사 상무	5호봉 급여

제7조(감사의 기본급)

매사업연도 비상근 감사의 기본급을 별표1 임원기본급호봉을 다음과 같이 지급한다.

대상	기본급
비상근 감사	1호봉의 3분의 1 급여

제8조(본부장 등 기본급)

매사업연도 본부장의 기본급을 별표1 임원기본급호봉을 다음과 같이 지급한다.

대상	기본급
생산본부장	5호봉 급여
영업본부장	4호봉 급여
관리본부장	3호봉 급여
기술연구소장	4호봉 급여

제9조(임원의 직책수당)

매사업연도 1년간 임원에게 매월 직책수당을 다음과 같이 지급한다.

대상	직책수당(월)
사장	200만 원
전무, 상무	150만 원
본부장, 기술연구소장	100만 원

제10조(임원의 상여금)

매사업연도 1년간 임원에게 연간 정기상여금을 다음과 같이 지급한다.

대상	연간 정기상여금
사장	
전무, 상무	기본월봉의 400%
본부장, 기술연구소장	

제11조(초과근무수당의 지급)

매사업연도 1년간 본부장과 기술연구소장에게 시간외근무시간에 대하여 기본급을 환산한 시급의 50%를 가산하여 초과근무수당으로 계산한다.

대상	지급 수당
본부장 · 기술연구소장	매월 발생한 초과근무수당

제12조(급여 등 지급)

① 임원의 기본급은 매월 ○○일에 지급한다.

② 임원의 정기상여금은 4분의 1로 균등분할하여 매분기 말월의 기본급 지급에 지급한다.

③ 임원의 초과근무수당은 매월 기본급의 지급일에 지급한다.

제13조(지급의 제한)

① 기본급과 상여금은 근무하지 않은 날은 일할계산하여 지급하지 아니한다.

② 시간외근무수당은 이사와 감사에게는 지급하지 아니한다.

제14조(상여금 및 퇴직금 등 지급)

① 임원상여금은 주주총회 또는 이사회의 결의로 정한 임원상여금규정에 의

한다.

② 임원퇴직금은 주주총회 또는 이사회의 결의로 정한 임원퇴직금규정에 의한다.

③ 임원의 주식매수선택 행사와 권리는 정관 또는 주주총회의 결의로 정한 주식매수선택권규정에 의한다.

④ 임원의 복리후생비 급여는 주주총회 또는 이사회의 결의로 정한 임원복리후생비규정에 의한다.

제15조 (급여의 계약)

① 임원급여계약은 이 규정을 준수하여 체결한다.

② 임원급여계약 내용이 이 규정과 다른 경우 이 규정의 내용을 우선하여 적용한다.

제16조 (규정의 개폐)

이 규정의 개정 및 폐지는 이사회의 결의로 한다.

> 이 규정의 개정 및 폐지는 주주총회의 결의로 한다.

〈부 칙〉

제1조(시행일)

이 규정은 202x년 1월 1일부터 시행한다.

〈별 표〉

(별표1) 임원의 기본급 호봉표

《 임원의 기본급 호봉표 》

(단위: 만원)

재임연수 호봉	기본급	
	기본월봉	기본연봉
1	600	7,200
2	640	7,680
3	680	8,160
4	720	8,640
5	760	9,120
6	800	9,600
7	840	10,080
8	880	10,560
9	920	11,040
10	960	11,520
11	1,000	12,000
12	1,040	12,480
13	1,080	12,960
14	1,120	13,440
15	1,160	13,920
16	1,200	14,400
17	1,240	14,880
18	1,280	15,360
19	1,320	15,840
20	1,360	16,320

5절 포괄연봉제 급여의 임원보수규정 설계와 작성

① 포괄연봉제 임원보수규정의 작성 개요

◉ 임원 보수의 구성

포괄연봉제 임원보수규정은 임원 보수 중 고정수당 등 급여를 상여금으로 구성한다. 임원의 보수는 다음과 같이 구성한다.

1. 기본급 등 급여
2. 고정수당 등 상여금
3. 퇴직금
4. 기타 보수

◉ 포괄연봉제 임원 급여의 개요

⁘ 포괄연봉의 구성

임원의 포괄연봉제는 「기본급+고정근무수당+퇴직금」으로 다음과 같이 구성할 수 있다. 고정근무수당은 1년간 고정적 초과근무시간에 대한 수당으로 한다.

- 기본연봉
- 연간 고정근무수당
- 연간 퇴직금 발생액

다만, 임원퇴직금지급규정을 제정하여 퇴직금을 지급ㅂ하는 경우에는 「기본급+고정근무수당」으로 하고, 연간 고정근무수당은 상여연봉으로 다음과 같이 구성할 수 있다.

- 기본연봉 : 연간 기본급 고정급여
- 상여연봉 : 연간 고정근무수당

❖ 연봉의 산정기간

임원의 기본연봉과 상여연봉의 산정기간은 12월 말 결산법인의 경우 매년 1월 1일부터 12월 31일까지 1년간으로 계산한다. 다만, 법인의 회계연도(매사업연도) 및 결산기를 기준으로 다음과 같이 계산기간을 정할 수 있다.

구분	연봉 계산 기간
12월 말 결산법인	매년 1월부터 12월까지
3월 말 결산법인	매년 4월부터 다음 해 3월까지
6월 말 결산법인	매년 7월부터 다음 해 6월까지

➤ 포괄연봉제 임원 급여의 구성

포괄연봉은 기본연봉과 상여연봉으로 구성한다. 기본연봉은 월봉의 12개월분으로 계산하고, 제 수당은 고정근무수당 등으로 설계한다.

1. 기본연봉
2. 상여연봉
3. 제 수당

❖ 기본연봉 : 고정급

기본연봉은 고정적으로 지급하는 연간 기본급과 연간 직책수당으로 구성한다.

- 연간 기본급
- 연간 직책수당

❖ 상여연봉 : 고정급

상여연봉은 연간 고정근무수당으로 한다.

- 연간 고정근무수당

❖ 제 수당 : 변동급

제 수당은 매월 고정근무시간을 초과하여 근무한 초과근무시간에 대한 초과근무수당 등으로 구성한다.

- 초과근무수당

② 포괄연봉제 임원보수규정의 작성 방법

▶ 포괄연봉제 임원보수규정의 작성 항목

포괄연봉제 임원보수규정의 작성 항목은 임원 급여의 결정과 계산, 급여의 산정·지급 및 승급(昇給)에 관한 사항 등으로 구성한다.

- 제정 및 개정 일자, 규정 목적
- 적용 범위 및 지급 대상, 용어의 정의
- 연봉구성, 산정기간
- 기본연봉, 상여연봉 등 급여액
- 지급요건, 지급방법, 지급제한
- 지급시기, 시행일, 경과규정

▶ 포괄연봉제 임원보수규정의 구성 체계

연봉제 임원보수규정의 구성 체계는 다음과 같다.

《 포괄연봉제 임원보수규정 구성 》

(총칙)	통칙 (총칙)	목적
		적용범위
		정의
	⇩	
	본칙	연봉 구성/계산
		연봉책정
		지급방법
	⇩	
	보칙	규정개폐
⇩		
부칙	시행일 / 경과규정	
별표		
서식		

총칙 · 통칙의 작성

포괄연봉제 임원보수규정의 보칙과 부칙을 제외하고 규정하는 총칙 또는 공통적으로 적용하는 총칙 및 통칙을 작성한다.

제정일 등 규정

지급규정의 제정 및 개정일 등을 규정한다.

- (제정 : 201x. 1. 20.)
- (개정 : 202x. 2. 20.)

규정의 목적

지급규정의 목적을 규정한다.

- 규정 적용의 회사명
- 규정 적용의 대상
- 규정 내용의 임원급여

적용의 범위 등

지급규정의 적용 범위와 대상을 규정한다.

- 등기이사, 등기감사
- 등기 집행임원
- 비등기임원

용어의 정의

지급규정의 용어를 정의한다.

- 임원의 범위
- 급여의 구분
- 산정기간 등

본칙의 작성

포괄연봉제 임원 급여의 결정·계산·지급방법, 급여의 산정기간·지급시기 및 승급(昇給)에 관한 사항 등을 규정한다.

◈ 포괄연봉의 구성

매사업연도 1년간 포괄연봉의 구성을 규정한다.

- 기본연봉
- 상여연봉
- 제 수당

◈ 포괄연봉의 금액

매사업연도 1년간 포괄연봉의 급여액을 규정한다.

- 기본연봉 : 예) 5,500만원(기본급 5,000만원 + 직책수당 500만원)
- 상여연봉 : 예) 1,000만원(고정근무수당 1,000만원)

◈ 지급시기 등

매사업연도 포괄연봉의 지급시기를 규정한다.

- 기본연봉 : 기본연봉을 월할하여 매월 말일에 월봉으로 지급
- 상여연봉 : 상여연봉을 분기할하여 분기별 상여금으로 지급

● 보칙의 작성

본칙 규정 외 추가적 사항을 규정한다.

◈ 지급규정의 개정 등

포괄연봉제 임원보수규정의 개정 및 폐지는 주주총회 및 이사회의 결의로 한다.

● 부칙의 작성

◈ 시행일

임원보수규정의 시행일을 규정한다.

- 이 규정은 202x년 3월 1일부터 시행한다.

♦ 소급 규정

임원보수규정의 소급 적용 시기를 작성한다.

- 이 규정은 202x년 1월 1일부터 소급하여 적용한다.
- 제○○조는 202x년 1월 1일부터 소급하여 적용한다.

♦ 경과규정

임원보수규정의 경과 후 적용할 규정을 작성한다.

- 이 규정 제○○조는 202x년 7월 1일부터 시행한다.

③ 포괄연봉제 임원보수규정의 작성 예시

포괄연봉제 임원보수규정

(제정 20 . .)

〈총 칙〉

제1조(목적)

이 규정은 ○○주식회사(이하 "회사"라 한다) 개별 임원의 보수와 급여 지급에 관하여 정함을 목적으로 한다.

제2조(적용 범위)

① 이 규정은 회사에 재임하는 임원에게 적용한다.

> 이 규정은 회사에 재임하는 이사와 감사에게 적용한다.

② 이 규정은 정관이나 주주총회 또는 이사회의 결의로 정한 임원의 보수한도를 적용한다.

제3조(임원의 정의)

회사의 임원이란 다음 직책의 등기임원과 비등기임원을 말한다.

1. 사장, 전무, 상무
2. 본부장, 기술연구소장
3. 감사

제4조(포괄연봉의 구성)

① 임원의 보수는 다음과 같이 구성한다.

1. 기본급
2. 상여금
3. 퇴직금
4. 기타 보수

② 임원의 포괄연봉은 다음의 급여로 구성한다.

1. 기본연봉

2. 고정수당연봉

제5조(포괄연봉의 책정)

① 사장 등 임원의 연간 포괄연봉은 다음과 같이 책정한다.

직책	포괄연봉	기본연봉	고정수당
사장	9,800만원	7,200만원	2,600만원
전무	8,200만원	6,000만원	2,200만원
상무	6,600만원	4,800만원	1,800만원

② 본부장 등 임원의 연간 포괄연봉은 다음과 같이 책정한다.

직책	포괄연봉	기본연봉	고정수당
생산본부장	5,800만원	4,200만원	1,600만원
영업본부장	5,800만원	4,200만원	1,600만원
관리본부장	5,800만원	4,200만원	1,600만원

제6조(감사의 기본연봉)

비상근 감사의 기본연봉은 다음과 같다.

구분	기본연봉
비상근 감사	1,200만원

제7조(기본연봉의 계산)

제5조의 포괄연봉에 포함하는 기본연봉은 매년 1월 1일부터 12월 31일까지 연간 기본급으로 산정한다.

제8조(고정수당연봉의 계산)

① 제5조의 포괄연봉에 포함하는 고정수당연봉은 매월 다음의 시간외근무에 대하여 연간 고정수당으로 산정한다.

1. 매월 34시간 이내 연장근무에 대한 연간수당
2. 매월 8시간 이내 야간근무에 대한 연간수당

3. 매월 8시간 이내 휴일근무에 대한 연간수당

② 제1항의 고정수당은 기본연봉 시급의 50% 이상을 가산한 수당으로 계산한다.

제9조(포괄연봉 등 지급)

① 기본연봉과 고정수당연봉은 12분의 1로 월할하여 매월 ○○일에 월봉으로 지급한다.

② 제1항의 연봉은 현금 및 통화로 임원명의 은행계좌로 지급한다.

제10조(연봉 등 지급제한)

기본연봉과 연간고정수당은 근무하지 않은 날은 일할 계산하여 지급하지 않는다.

제11조(퇴직금 등 지급)

① 임원퇴직금의 지급은 주주총회 또는 이사회의 결의로 정한 임원퇴직금규정에 의한다.

② 임원상여금의 지급은 주주총회 또는 이사회의 결의로 정한 임원상여금규정에 의한다.

③ 임원의 복리후생급여는 주주총회 또는 이사회의 결의로 정한 임원복리후생급여규정에 의한다.

제12조(연봉의 계약)

① 임원연봉계약은 이 규정을 준수하여 체결한다.

② 임원연봉계약의 내용이 이 규정과 다른 경우 이 규정의 내용을 적용한다.

제13조 (규정의 개정)

이 규정의 개정 및 폐지는 주주총회 또는 이사회의 결의로 한다.

〈부 칙〉

제1조(시행일)

이 규정은 202○년 ○○월 ○○일부터 시행한다.

6절 성과연봉제 급여의 임원보수규정 설계와 작성

① 성과연봉제 임원보수규정의 작성 개요

◉ 임원 보수의 구성

성과연봉제 임원보수규정은 임원 보수 중 상여금으로 성과연봉을 포함하여, 임원의 보수를 다음과 같이 구성한다.

    1. 기본연봉 등 급여

    2. 성과연봉 등 상여금

    3. 퇴직금

    4. 기타 보수

◉ 성과연봉제 개요

임원을 대상으로 시행하는 성과연봉제는 경영성과와 실적(업적)에 대하여 성과보수를 지급하는 형태이다. 기본연봉에 더하여 성과급을 지급하는 연봉제로 설계한다. 일반적으로 1년간 고정급여를 매월 지급하는 기본연봉과 성과에 따라 지급하는 변동성과급으로 설계하는 것이 일반적이다.

- 기본연봉 : 고정적으로 지급하는 정기급여
- 성과연봉 : 성과에 따라 지급하는 변동성과급

◉ 기본연봉의 구성

임원의 기본연봉은 1년간 기본급과 1년간 고정근무수당으로 구성할 수 있다.

- 1년간 기본급
- 1년간 고정근무수당

❖ 기본급의 계산

임원의 기본급은 주 40시간, 월 209시간에 대한 1년간 급여로 계산한다.

- 연간 기본급 : 1년간 주 40시간, 월 209시간 근무에 대한 급료

고정근무수당

근로자성 임원의 경우 향후 근로기준법에 정한 그 이상의 수당을 지급하여야
한다. 이에 따라 임원이 주 12시간, 월 52시간 이내의 연장근무를 고정적으로
하는 경우 다음과 같이 고정근무수당을 지급하여야 한다.

- 월 34시간 이내의 연간 연장근무에 대한 수당
- 월 8시간 이내의 연간 야간근무에 대한 수당
- 월 8시간 이내의 연간 휴일근무에 대한 수당

성과연봉의 구성

성과평가의 항목

임원의 성과연봉은 1년간의 개인, 조직, 회사 등의 실적과 성과에 대하여 실
적급 및 성과급과 수당 등으로 급여를 계산한다.

- 개인 부문 성과
- 조직 부문 성과
- 회사 부문 성과

성과평가 대상

회사조직의 성과평가 대상은 다음과 같다.

- 경영조직 : 사업실적 (영업이익, 매출실적, 개발실적 등)
- 생산조직 : 생산실적 (생산량, 품질도, 적기생산 등)
- 영업조직 : 영업실적 (판매량, 판매액, 수주량 등)
- 관리조직 : 지원실적 (자금, 구매, 재고, 기타 등)

② 성과연봉제 임원보수규정의 작성 방법

🔵 성과연봉제 작성 항목

성과연봉제 임원보수규정의 작성 항목은 임원 급여의 결정과 계산, 급여의 산정·지급 및 승급(昇給)에 관한 사항 등으로 구성한다.

- 제정 및 개정 일자, 규정 목적
- 적용 범위 및 지급 대상, 용어의 정의
- 연봉구성, 산정기간
- 기본연봉, 상여연봉 등 급여액
- 지급요건, 지급방법, 지급제한
- 지급시기, 시행일, 경과규정

🔵 지급규정의 구성 체계

성과연봉제 임원보수규정의 구성 체계는 다음과 같다.

《 성과연봉제 임원보수규정 구성 》

(총칙)	통칙 (총칙)	목적
		적용범위
		용어 정의
		⇩
	본칙	성과연봉의 구성
		기본연봉 계산과 지급
		성과연봉 계산과 지급
		⇩
	보칙	규정의 개폐
		⇩
부칙		시행일 / 경과규정
별표		별표 기본연봉 / 성과연봉
서식		

🔵 규정 명칭의 작성

지급규정의 명칭을 작성한다.

- 예) 임원보수규정
- 예) 임원보수규정

✦ 제정일 등 규정

지급규정의 제정 및 개정일 등을 규정한다.

- (제정 : 201x. 1. 20.)
- (개정 : 202x. 2. 20.)

🔵 총칙 및 통칙의 작성

성과연봉제 임원보수규정에 모두 적용하는 사항을 규정한다.

✦ 규정의 목적

지급규정의 목적을 규정한다.

- 규정 적용의 회사명
- 규정 적용의 대상
- 규정 내용의 임원급여

✦ 적용의 범위 등

지급규정의 적용 범위와 대상을 규정한다.

- 등기이사, 등기감사
- 등기 집행임원
- 비등기임원

✦ 용어의 정의

지급규정의 용어를 정의한다.

- 임원의 범위
- 연봉의 법위

- 계산방법 등

❖ 직위별 보수한도의 작성

매사업연도 1년간 개별 임원의 직위별 보수 및 급여 한도액을 규정할 수 있다.

- 사장
- 부사장, 부대표
- 전무, 상무, 이사

🔘 본칙의 작성

성과연봉제 임원 급여의 결정·계산·지급방법, 급여의 산정기간·지급시기 및 승급(昇給)에 관한 사항 등을 규정한다.

❖ 성과연봉의 구성

매사업연도 1년간 성과연봉의 구성을 규정한다.

- 기본연봉
- 상여연봉
- 제 수당
- 기타보수

❖ 성과연봉의 금액

매사업연도 1년간 성과연봉의 급여액을 규정한다.

- 기본연봉 : 5,500만원(기본급 5,000만원+ 직책수당 500만원)
- 상여연봉 : 성과급(지급대상기간의 성과평가에 의한 변동성과급)

❖ 지급시기 등

매사업연도 기본여봉과 성과연봉의 지급 시기를 규정한다.

- 기본연봉 : 기본연봉을 월할하여 매월 말일에 월봉으로 지급
- 상여연봉 : 분기별 발생 성과급을 분기별 월에 지급

● 보칙의 작성

본칙 규정 외 추가적 사항을 규정한다. 임원급여계약에 지급규정의 우선 적용을 규정한다.

⬩ 지급규정의 개폐 등

성과연봉제 임원보수규정의 개정 및 폐지는 주주총회 및 이사회의 결의로 한다.

● 부칙의 작성

⬩ 시행일

성과연봉제 임원보수규정의 시행일을 규정한다.

- 이 규정은 202x년 1월 1일부터 시행한다.

⬩ 소급규정

성과연봉제 임원보수규정 전체 또는 일부 규정의 소급 적용을 규정한다.

- 이 규정은 202x년 1월 1일부터 소급하여 시행한다.
- 제○○조는 202x년 1월 1일부터 소급하여 시행한다.

⬩ 경과규정

성과연봉제 임원보수규정의 소급 적용 및 경과규정을 규정한다.

- 이 규정은 202x년 7월 1일부터 시행한다.

③ 성과연봉제 임원보수규정의 작성 예시

성과연봉제 임원보수규정

(제정 202 . . .)

〈총 칙〉

제1조(목적)

　이 규정은 ○○주식회사(이하 "회사"라 한다) 개별 임원의 보수와 급여의 지급기준에 관하여 정함을 목적으로 한다.

제2조(적용 범위)

　① 이 규정은 회사에 재임하는 임원에게 적용한다.

> 이 규정은 회사에 재임하는 이사와 감사에게 적용한다.

　② 이 규정은 정관 및 주주총회 또는 이사회의 결의로 정한 임원의 보수한도를 적용한다.

제3조(임원의 정의)

　회사의 임원이란 다음 직책의 등기임원과 비등기임원을 말한다.

　　1. 사장, 전무, 상무

　　2. 본부장

　　3. 기술연구소장

　　4. 감사

제4조(연봉의 구성)

　① 임원의 보수는 다음과 같이 구성한다.

　　1. 기본연봉 등 급여

　　2. 성과연봉 등 상여금

　　3. 퇴직금

　　3. 기타 보수

　② 임원의 급여는 다음과 같이 구성한다.

1. 기본연봉
2. 성과연봉
3. 제 수당

제5조(기본연봉의 계산)

① 기본연봉은 매년 1월 초일부터 12월 말일까지 연간 근속기간을 계산기간으로 한다.

② 기본연봉은 주40시간 월 209시간에 대한 연간 또는 월간 기본급으로 계산한다.

제6조(성과연봉의 계산)

① 성과연봉은 매년 1월 초일부터 12월 말일까지 1년을 계산기간으로 한다.

② 성과연봉의 평가항목과 반기별 목표 달성 기준은 다음과 같다.

평가항목	반기별 목표
생산량	120대
판매량	100대
매출액	30억원

③ 제2항 성과연봉의 평가항목별 반기별 목표의 달성률을 다음의 가중평균한 달성률별로 성과급을 계산한다.

반기별 가중평균 달성률	반기별 성과급
110% 이상	기본연봉의 5%
120% 이상	기본연봉의 10%
130% 이상	기본연봉의 15%

제7조(초과근무수당의 계산)

초과근무수당은 일 8시간, 주 40시간을 초과근무한 시간에 대하여 기본급 시급의 50%를 가산하여 초과근무수당으로 계산한다.

제8조(이사의 연봉)

대표이사 사장 등 임원의 기본연봉과 성과연봉은 다음과 같다.

구분	기본연봉	반기별 성과연봉
대표이사 사장	8,400만원	
전무이사	7,200만원	제6조의 제3항의 성과급
상무이사	6,000만원	

제9조(감사의 연봉)

비상근 감사의 기본연봉은 다음과 같다.

구분	기본연봉	성과연봉
비상근 감사	1,200만원	-

제10조(본부장 등 연봉)

본부장 등 임원의 기본연봉과 성과연봉은 다음과 같다.

구분	기본연봉	반기별 성과연봉
생산본부장	5,200만원	
영업본부장	5,200만원	제6조 제3항의 성과급
관리본부장	5,200만원	

제11조(연봉의 지급)

① 기본연봉은 12분의 1로 균등분할하여 매월 ○○일에 월봉으로 지급한다.

② 성과연봉은 반기별 성과연봉은 각각 7월과 1월에 기본연봉의 월봉 지급일에 지급한다.

③ 초과근무수당은 기본연봉의 월봉 지급일에 지급한다.

제12조 (연봉 등 지급제한)

① 기본연봉과 상여연봉은 결근 등으로 근무하지 않은 날 또는 시간은 급여를 지급하지 아니한다.

② 이사와 감사에게는 초과근무수당을 지급하지 아니한다.

제13조 (연봉계약의 체결)

① 임원연봉계약은 이 규정을 준수하여 체결한다.

② 임원연봉계약의 내용이 이 규정과 다른 경우 이 규정의 내용으로 한다.

제14조(퇴직금 등 지급)

① 임원퇴직금 지급은 주주총회 또는 이사회의 결의로 정한 임원상여금규정
에 의한다.

② 임원의 주식매수선택권 권리와 행사는 정관 및 주주총회의 결의로 정한
임원주식매수선택권규정에 의한다.

③ 임원의 복리후생비 급여는 주주총회 또는 이사회의 결의로 정한 임원복
리후생비규정에 의한다.

제15조 (규정의 개정)

이 규정의 개정 및 폐지는 이사회의 결의로 한다.

> 이 규정의 개정 및 폐지는 주주총회의 결의로 한다.

〈부칙〉

제1조 (시행일)

이 규정은 202○년 ○○월 ○○일부터 시행한다.

7절 임원 급여의 보수규정 결의와 제정

① 주주총회의 임원급여 보수규정 결의서 작성 개요

◎ 주주총회의 소집 개요

주식회사의 주주총회는 정기주주총회와 임시주주총회로 구분하여 소집한다. 일반적으로 정기주주총회는 정관에 매사업기 종료일로부터 90일 이내에 소집 시기를 규정하여 개최한다. 임시주주총회는 필요한 경우에 수시로 소집하여 개최할 수 있다.

- 정기주주총회 : 매년 1회 일정한 시기에 소집하여야 한다(상법§365①).
- 임시주주총회 : 필요한 경우에 수시로 소집할 수 있다(상법§365③).

❖ 임원보수규정의 제정 시기

매사업기 임원보수규정은 3개월 이내에 제정하여 매사업기 연간 보수한도에 소급하여 적용한다.

- 당기 적용 임원보수규정 : 매년 1월~3월 이내 제정·개정

◎ 주주총회의 소집 절차

❖ 이사회 결의 등

주주총회의 소집은 소집일로부터 2주간 전에 이사회의 소집 결의로 주주에게 주주총회 소집을 통지하여야 한다. 단, 자본금 10억원 미만 회사는 소집일로부터 10일 전에 통지하거나 주주전원의 소집 동의 시에 소집통지 없이 총회를 소집할 수 있다.

❖ 총회 소집의 절차

임원보수규정의 제정을 위한 주주총회의 소집 및 결의 절차는 다음과 같다.

《 주주총회 소집 절차 》

절차	결의 사항	결의서 등
이사회	• d-14 : 주주총회 소집 결의 　　　주주총회 소집 통지	• 이사회의사록
소집 동의	• d-0 : 주주총회 소집 총주주 동의	• 주주총회　소집 　총주주동의서
주주총회	• d-0 : 주주총회 소집 및 결의	• 주주총회의사록

주주총회의 결의 기준

임원보수규정 제정을 위한 주주총회의 결의는 출석한 주주 의결권 과반수와 발행주식총수 1/4 이상의 찬성으로 제정한다.

- 출석주주 의결권 과반수
- 발행주식 총수의 4분의 1

주주겸임원의 의결권 제한

주주총회의 결의로 임원보수규정 제정할 때 당사자인 임원의 의결권은 행사할 수 없다. 당사자인 의결권은 의사결정에서 의결권 수에 산입하지 아니한다(상법§368③). 다만, 판례 등이 의하여 발행주식총수의 계산에는 산입 및 불산입으로 나뉜다.

- 의결정족수(의결권수) : 불산입
- 의사정족수(발행주식총수) : 산입

주주겸임원의 의결권 제한 예외

다만, 주주겸임원의 의결권을 제한하여 주주총회 결의로 임원의 보수한도를 결정한 경우에 그에 따른 임원보수규정을 주주총회의 결의로 제정할 때 주주겸임원의 의결권을 재제한하지 않는다.

- 주총결의 임원보수규정 제정 : 의결권 제한 미적용

◉ 주주총회결의서 작성 예시

(정기) 주주총회의사록

코페하우스 주식회사는 다음과 같이 정기주주총회를 소집 및 개최하여 상정된 안건을 심의 및 결의하였습니다.

1. 소집

    1-1. 일시: 202X 년 3월 20일, 오전 10:00시

    1-2. 장소: 서울특별시 테헤란로 1 코페하우스 본사 회의실

    1-3. 출석주주 (의결권 있는 주주와 주식)

       - 주주총수: 5명   - 발행주식 총수: 20,000주

       - 출석주주 수: 5명   - 출석주주 주식 수: 20,000주

    (첨부1) 주주명부

2. 개회

정관에 의하여 대표이사 ○○○이 총회의 의장으로서 위와 같이 법정 정족수의 주주가 출석으로 총회가 적법하게 성립되었음을 알리고 오전 10시 10분에 총회의 개회를 선언하다.

3. 의결

제1호 의안 : 임원보수규정의 승인 건

의장은 개별 임원의 급여를 (첨부2) 임원보수규정에 의하여 지급할 것을 설명하고, 이를 의안으로 상정하여 심의 및 결의를 요청하여 출석주주 전원이 찬성하여 승인으로 가결하다.

    (첨부2) 임원보수규정

4. 폐회

의장은 위와 같이 총회의 안건 모두를 심의 및 결의하였음으로, 총회의 종료

를 알리고 오전 11시 00분에 정기주주총회의 폐회를 선언하다.

위와 같이 총회의 의사 및 결의 결과를 명확하게 하기 위하여 경과요령에 대한 의사록을 작성하고 의장과 이사가 서명 및 기명날인으로 증명한다.

202X 년 3월 20일

첨부서면
(첨부1) 출석주주 명부
(첨부2) 임원보수규정

코페하우스 주식회사
서울특별시 강남구 테헤란로 123
  (대표이사)   (인)
  (사내이사)   (인)
  (사내이사)   (인)

❸ 이사회의 임원급여 보수규정 결의서 작성 개요

🔄 이사회의 소집 개요

이사회는 각 이사가 소집한다. 그러나 이사회의 결의로 소집할 이사를 정관 등으로 소집권자를 정한 경우에는 때에는 그러하지 아니하다. 일반적으로 대표 이사를 소집권자로 정관 또는 이사회규정 등으로 정한다.

이사회를 소집함에는 회일을 정하고 그 1주간전에 각 이사 및 감사에 대하여 통지를 발송하여야 한다. 그러나 그 기간은 정관으로 단축할 수 있다.

이사회는 이사 및 감사 전원의 동의가 있는 때에는 그 소집통지 및 절차없이 언제든지 회의할 수 있다. (상법 제390조)

- 소집시기 : 수시 또는 이사의 정기(매 3개월) 보고 시기
- 소집권자 : 정관·이사회규정 등으로 정한 이사
- 소집통지 : 이사회일 1주간 전에 서면으로 통지
- 소집생략 : 이사·감사의 전원 동의 시

🔄 이사회의 소집 절차

주식회사 등 이사회의 소집 및 결의 절차는 다음과 같다.

《 이사회의 소집 및 결의 절차 》

절차	결의 사항	결의서 등
이사회	• d-7 : 이사회 소집 통지	• 이사회 소집 통지서
소집 동의	• d-0 : 이사회 소집 이사·감사 전원 동의	• 이사회 소집 총 이사동의서
이사회	• d-0 : 이사회 소집 및 결의	• 이사회의사록

⊙ 이사회의 결의 기준

개별 임원의 급여지급기준을 정한 임원보수규정 제정을 위한 이사회의 결의는 이사 과반수 출석과 출석이사 과반수의 찬성으로 제정한다(상법§391①).

- 이사회 성립 : 이사 과반수의 출석
- 가결요건 : 출석이사의 과반수 찬성

❖ 당사자인 이사의 의결권 제한

이사회의 결의로 임원보수규정 제정을 제정할 때에 당사자인 이사는 의결권을 행사할 수 없다. 상여금 당사자인 이사 의결권은 출석한 이사의 의결권의 수에 산입하지 아니한다(상법§391, §371②).

계산 예 : (총이사 5명, 출석이사 5명, 의결권 제한자 2명)

- 이사회 출석이사 수 계산 : 5명(출석), 이사회 성립
- 출석이사의 과반수 계산 : 3명(출석), 3명(찬성), 가결)

❖ 당사자인 이사의 의결권 제한 예외

다만, 주주겸이사의 의결권 제한 규정을 적용하여 임원의 보수한도를 결정하고 그에 따른 임원보수규정을 이사회의 결의로 제정할 때 당사자인 이사의 의결권을 또 (다시, 재)제한하지 않는다.

- 이사회 결의 임원보수규정 제정 : 이사회 의결권 제한 예외

❹ 이사회의 임원급여 보수규정 결의서 작성 예시

➡ 이사회결의서 작성 예시

이사회의사록

코페하우스 주식회사는 다음과 같이 이사회를 소집하여 회의 목적 사항을 심의 및 결의하다.

1. 소집
1-1. 일시: 202×년 2월 20일, 오전 10시
1-2. 장소: 서울특별시 테헤란로 1 코페하우스 본사 회의실
1-3. 출석: 이사 등
　　- 이사 총수: 3명　　　- 출석이사: 3명
　　- (감사의 수: 1명)　　- (출석감사: 1명)
(첨부1) 이사회출석명부

2. 개회
정관 규정에 따라 대표이사 ○○○이 의장으로서 위와 같이 이사회의결정족수 이상의 이사가 출석하여 이사회의 개최가 적법하게 성립됨을 알리고 오전 10시 10분에 이사회의 개회를 선언하다.

3. 의결
제1호 의안 : 임원보수규정의 승인 건
의장은 주주총회의 결의로 위임한 개별 임원의 급여를 (첨부2) 임원보수규정에 의하여 지급할 것을 설명하고 이를 의안으로 상정하여 심의 및 결의를 요청하여 출석이사 전원이 찬성하여 승인으로 가결하다.
(첨부2) 임원보수규정

4. 폐회
의장은 위와 같이 이사회의 이사회 목적 사항을 모두 심의 및 결의하였음을

설명하고 총회의 종료를 알리고 오전 11시에 이사회의 폐회를 선언하다.

위와 같이 이사회의 경과 요령에 대한 의사록을 작성하고 의장과 이사, 감사가 서명 또는 기명날인으로 증명한다.

202x년 2월 20일

(첨부서면)
(첨부1) 이사회출석명부
(첨부2) 임원보수규정

코페하우스 주식회사
서울특별시 강남구 테헤란로 123
(대표이사)   (인)
(사내이사)   (인)
(사내이사)   (인)
(감 사)   (인)

4장

중소기업 임원상여금규정
작성과 제정

4장은

중소기업 임원상여금규정의 설계·작성·제정 방법을 제시한다.

- 중소기업의 임원 정기상여금 설계와 작성
- 중소기업의 임원특별상여금 설계와 작성
- 중소기업의 임원실적상여금 설계와 작성
- 중소기업의 임원 경영성과급 설계와 작성
- 주주총회·이사회의 임원상여금규정 결의와 제정

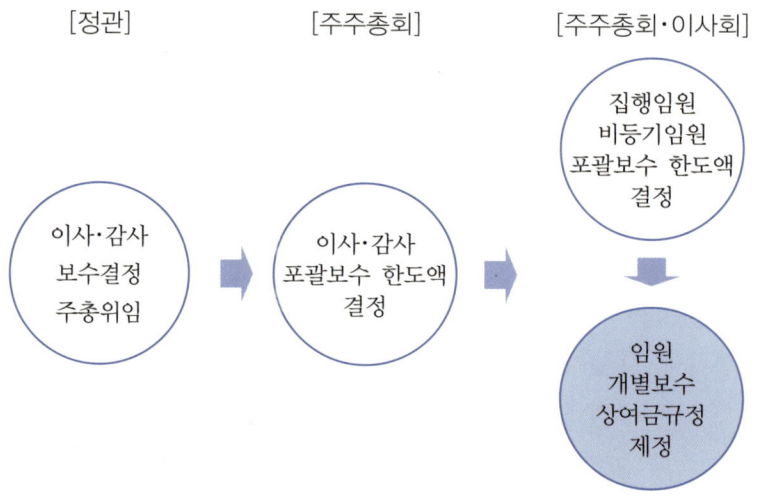

1절 임원상여금의 결정과 지급기준

① 상법상 임원상여금의 결정기준

🔵 이사의 상여금 결정기준

이사의 개별보수 상여금(개별 이사의 상여금)은 정관 또는 정관의 위임으로 주주총회에서 포괄보수 총액 및 한도액을 정한 경우 주주총회 또는 이사회의 결의로 이사의 개별보수 상여금을 결정할 수 있다.

다만, 정관·주주총회의 포괄보수 한도의 결정 없이 이사회의 결의로 개별보수 상여금을 결정할 수 없다. 이사의 개별보수 상여금은 주주총회 또는 이사회의 결의로 정한 금액이나 「임원상여금지급규정」에 의한 금액으로 결정한다.

《 이사의 상여금 결정기준 》

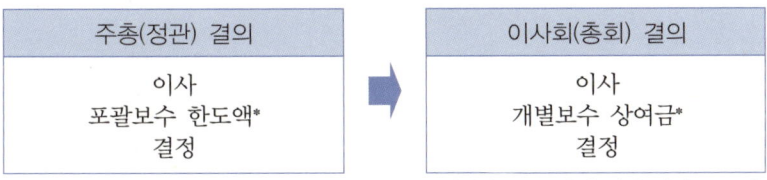

🔵 감사의 상여금 결정기준

감사의 개별보수 상여금(개별 감사의 상여금)은 이사의 개별보수 상여금 결정을 준용한다.

《 감사의 상여금 결정기준 》

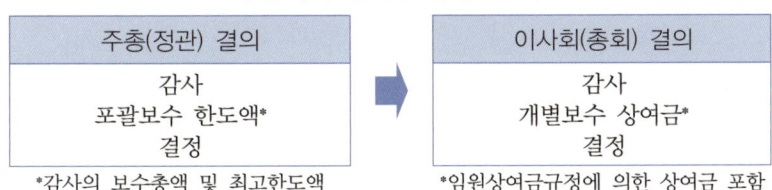

🔵 집행임원의 상여금 결정기준

집행임원의 포괄 보수총액 및 개별보수 상여금은 정관에 규정이 없거나 주주총회의 승인이 없는 경우 이사회에서 정한다(상법 제408조의2).

집행임원의 개별보수 상여금은 주주총회 또는 이사회의 결의로 개별보수 상여금 지급기준 및 금액을 「임원상여금규정」으로 제정하여 지급할 수 있다.

《 집행임원 상여금 결정기준 》

이사회(총회) 결의		이사회(총회) 결의
집행임원 포괄보수 한도액* 결정	➡	집행임원 개별보수 상여금* 결정
*집행임원의 보수총액 및 최고한도액		*임원상여금규정에 의한 상여금 포함

🔵 비등기임원의 상여금 결정기준

비등기임원의 포괄 보수총액 및 개별보수 상여금은 정관에 규정이 없거나 주주총회의 승인이 없는 경우 이사회에서 정한다.

비등기임원의 개별보수 상여금은 주주총회 또는 이사회의 결의로 개별보수 상여금 지급기준 및 금액을 「임원상여금규정」으로 제정하여 지급할 수 있다.

《 비등기임원 상여금 결정기준 》

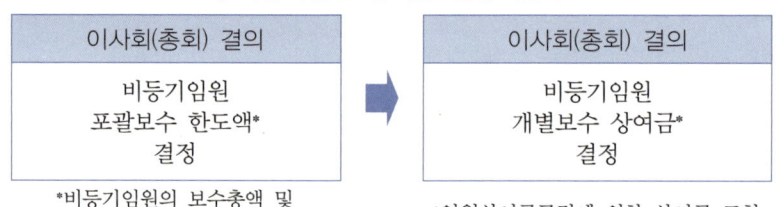

이사회(총회) 결의		이사회(총회) 결의
비등기임원 포괄보수 한도액* 결정	➡	비등기임원 개별보수 상여금* 결정
*비등기임원의 보수총액 및 최고한도액		*임원상여금규정에 의한 상여금 포함

② 노동법상 임원상여금의 임금기준

상여금의 임금 개요

노동법은 상여금의 지급에 관하여 정함이 없다. 판례에 의하여 근로자성 임원의 상여금 지급은 통상임금의 판단 여부가 매우 중요하다. 판례에 의하여 근로자성 임원의 정기상여금은 통상임금으로 판단하고, 성과급 등은 특별상여금으로 판단하여 통상임금으로 보지 않는다.

상여금의 통상임금의 적용

2024년 12월 대법원 전원합의체 판결로 상여금의 통상임금 범위가 대폭 확대되어, 재직 여부나 특정 근무일수 조건이 붙은 정기상여금도 통상임금에 포함한다고 하였다. 기존 고정성 요건을 완화하여, 소정근로에 대한 대가로 정기적, 일률적으로 지급되는 임금이라면 재직 조건이 있어도 통상임금으로 인정받게 되었다.

- 대법원 2024.12.19. 선고 2023다302838 전원합의체 판결

상여금이 통상임금에 포함되는 기준

판례는 상여금이라 하더라도 다음 요건을 충족하면 통상임금에 해당한다고 본다.

▶ 정기성
- 일정한 간격(매월, 분기, 반기, 연 1회 등)으로 계속 지급되는가
- 일회성·임의적 지급은 제외

▶ 일률성
- 모든 근로자 또는 일정 조건의 근로자 전원에게 동일하게 지급되는가
- 일부 근로자에게만 선택적으로 지급되면 부정

▶ 고정성
- 근로자가 근로를 제공하면 추가 조건 없이 확정적으로 지급되는가

- 재직조건, 실적조건, 회사의 경영성과 조건 등이 붙으면 고정성이 부정될 수 있음

정기상여금의 감액

정기상여금의 감액 요건

정기상여금은 회사가 취업규칙 및 규정 등에 의하여 상여금 지급 기간을 정하여 근로자에게 정기적으로 지급하는 상여금이다. 관련 규정이나 지급조건이 사전에 명확하게 확정된 것으로 근로기준법상 임금에 해당한다.

정기상여금은 임금의 성격이므로 감액 또는 규정의 변경 등에는 근로자의 의견청취 및 동의를 받아야 한다. (근기68207-1873, 2000.6.20.; 근기68207-2660, 2000.9.2.)

정기상여금의 감액 정당성

회사의 경영정상화를 위하여 사업비 절감, 직원 감축, 고정자산처분 등의 시책과 함께 정기상여금 지급률 삭감을 통보하고 개인별 성과를 평가하여 지급률을 차등 적용하여 삭감을 결정한 것은 정당하다. (대법 2003.7.11., 200다11387)

상여금의 지급 제한

지급 대상의 제한

단체협약·취업규칙 등에 지급 기간 지급 대상 등을 정한 경우 그 기간 또는 그 대상자에게만 상여금을 지급할 수 있다(법무811-2682, 1978.12.5.).

취업규칙 등에 상여금 지급 기간 등을 따로 정해놓고 그 기간을 계속 근무한 자에게만 상여금을 지급할 수 있다(임금 6807-351, 1994.6.13.)

상여금의 차등 지급

재임연수 기준

취업규칙 등에 근속연수 및 재임연수에 따라 상여금의 지급률을 달리하거나

차등 지급할 수 있으며 대기 발령자에게는 상여금을 지급하지 않는다고 정할 수 있다(근기1455-34373, 1982.12.24; 임금32240-6549, 1989.5.2.).

성과기준

취업규칙 등에 경영실적이 좋지 않거나 저성과자에게 상여금을 지급하지 않는다고 정할 수 있다(대법2003다11387, 2003.7.11.)

직책 기준

취업규칙 등에 직급이나 직위별로 상여금을 달리 정할 수 있다(근기 68207-2145, 1999.9.1.)

🔵 성과급의 임금 여부

노동관계법은 성과급에 관하여 정함이 없으나, 그 지급에 관한 판례 및 해석은 다음과 같다.

경영성과급의 임금성 부인

최근 대법원은 경영성과급은 '당기순이익의 실현'을 지급의 절대적인 선행조건으로 하고 있는 경영성과급에 대하여 당기순이익은 근로자들의 근로제공 이외에 다른 요인들의 영향을 크게 받는다는 점에서 경영성과급은 근로제공의 양과 질에 비례하는 것이 아니라 근로자들이 근로제공을 통하여 통제하거나 주된 인과관계를 형성하기 어려운 다른 요인들에 종속되어 있다는 점을 근거로 경영성과급의 임금성을 부정하였습니다(대법원 2026.1.29.선고 2022다255454 판결).

또한, 일시적으로 지급되는 경영성과급에 대하여 경영의 성과 등 불확실한 사유에 따라 일시적으로 지급되는 경우는 임금으로 인정되지 아니한다고 판시하였습니다(대법원 2005.9.9. 2004다41217 판결).

성과급의 임금 인정

자동차판매회사가 성과급지급규정 또는 영업프로모션 등으로 정한 지급기준과 지급시기에 따라 매월 정기적 계속적으로 인센티브를 제공한 경우 이는 근로자가 근로를 제공하고 받는 임금은 평균임금의 산정기초가 되는 평균임금으로 본다(대법2011.7.14., 2011다23149).

▶ 사전에 미확정된 성과급

사전에 그 지급 여부가 확정되어 있지 않은 성과급은 원칙적으로 임금으로 보지 않는다(대법2006.6.11, 2001다16722).

▶ 내부품의에 의한 성과급

매 반기별로 내부품의 방식에 의한 절차를 통해 경영성과 분석 즉, 매출·수주·이익실적 등을 종합적으로 고려하여 성과급 지급 여부 및 지급률 등을 검토·결정하는 지급방식이 여러 차례 반복되었다고 하여 이를 지급 관행이 성립된 것으로 볼 수 없다(임금정책과-588, 2005.2.5.).

▶ 근로 제공 없는 성과급

근로자 개인의 실적에 따라 결정되는 성과급은 지급조건과 지급시기가 단체협약 등에 정하여져 있다고 하더라도 지급조건의 충족 여부는 근로자 개인의 실적에 따라 달라지는 것으로서 근로자의 근로 제공 자체의 대상이라고 볼 수 없으므로 임금에 해당한다고 할 수 없다(대법원 2004.5.14. 2001다76328).

▶ 추가 성과급

추가 성과급이 취업규칙 등 규정에 명시되어 있으나 그 지급의무가 회사의 판매목표 달성 여부(판매목표 90% 이상 시 지급)에 따라 발생할 경우라면 근로자의 근로 제공 자체의 대가라고 볼 수 없어 근로기준법상 임금으로 보기 어려울 것으로 판단한다(근로개선정책과 4400, 2011.11.10.)

③ 세법상 임원상여금의 지급기준

법인이 임원에게 지급하는 상여금은 임원의 보수를 정관이나 주주총회 또는 이사회의 결의로 정한 포괄보수 최고한도액을 정한 경우 그 포괄보수 한도액 이내에서 주주총회나 이사회의 결의로 정한 개별보수 상여금 또는 주주총회나 이사회의 결의로 개별보수 상여금의 지급기준을 정한 임원상여금지급규정에 의한 상여금이어야 한다.

구분	임원상여금 지급기준
임원의 상여금	• 정관·주주총회 또는 이사회의 결의로 정한 급여지급기준에 의한 금액

🌀 임원상여금의 손금기준

법인이 임원에게 지급하는 상여금 중 정관·주주총회·사원총회 또는 이사회의 결의에 의하여 결정된 급여지급기준에 의하여 지급하는 금액을 초과하여 지급한 경우 그 초과금액은 이를 손금에 산입하지 아니한다. (법영§44②)

❖ 이사의 상여금 손금 요건

개별 이사의 상여금 손금 대상은 정관 또는 정관의 위임으로 주주총회에서 포괄보수 최고한도액을 정한 경우 그 보수한도액 이내에서 주주총회 또는 이사회의 결의로 정한 금액 또는 임원상여금 지급기준을 정한 「임원상여금지급규정」에 의한 금액이다.

《 이사의 상여금 지급 손금요건 》

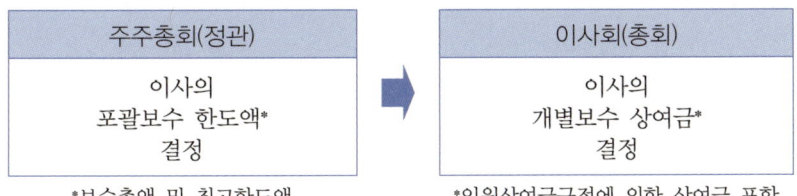

❖ 감사의 상여금 손금 요건

개별 감사의 상여금 손금은 「이사의 상여금 손금 요건」과 같다.

《 감사의 상여금 지급 손금요건 》

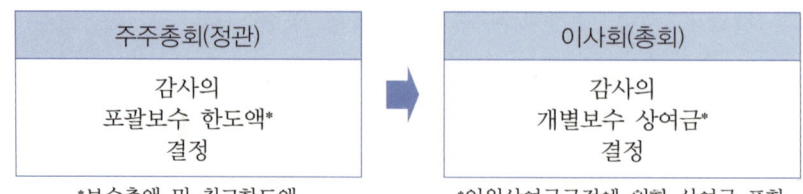

❖ 집행임원의 상여금 손금 요건

개별 집행임원의 상여금 손금은 정관이나 주주총회 또는 이사회의 결의로 집행임원의 포괄보수 최고한도액을 정한 경우 그 보수한도액 이내에서 주주총회 또는 이사회의 결의로 정한 금액 또는 상여금 지급기준을 정한 임원상여금지급 규정에 의한 금액이다.

《 집행임원의 상여금 지급 손금요건 》

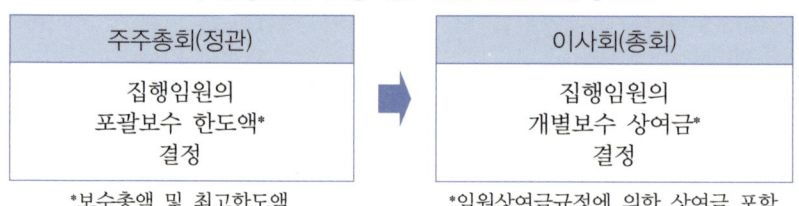

❖ 비등기임원의 상여금 손금 요건

개별 비등기임원 상여금의 손금은 「집행임원의 상여금 손금 요건」과 같다.

《 비등기임원의 상여금 지급 손금요건 》

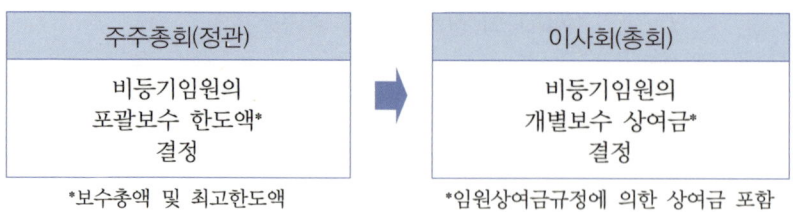

💿 임원상여금의 손금불산입 기준

임원의 상여금에 대하여 법인세법상 손금에 산입하지 아니하는 상여금은 다음과 같다. (법영§43)

❖ 이익처분에 의한 상여금

법인이 그 임원 또는 사용인에게 이익처분에 의하여 지급하는 상여금은 이를 손금에 산입하지 아니한다.

❖ 급여지급기준 초과 상여금

법인이 임원에게 지급하는 상여금 중 정관·주주총회·사원총회 또는 이사회의 결의에 의하여 결정된 급여지급기준에 의하여 지급하는 금액을 초과하여 지급한 경우 그 초과금액은 이를 손금에 산입하지 아니한다.

❖ 동일직위 초과 상여금

법인이 지배주주 등(특수관계 포함) 임원 또는 사용인에게 정당한 사유없이 동일직위에 있는 지배주주 등 외의 임원 또는 사용인에게 지급하는 금액을 초과하여 보수를 지급한 경우 그 초과금액은 이를 손금에 산입하지 아니한다.

❖ 비상근 · 비상무임원의 상여금

비상근 또는 비상무 임원에게 지급하는 보수가 부당행위계산에 해당하는 상여금은 손금에 산입하지 아니한다. (법인세법§52)

2절 임원 보수와 상여금 지급의 유의사항

1 이익처분에 의한 임원상여금의 손금부인 사례

➲ 임시주주총회의 결의로 지급하는 특별상여금

법인이 법인세법 시행령 제43조 2항의 급여지급기준과 별도로 지급하거나 임시주주총회의 결의로 임원에게 지급한 특별상여금이 사실상 이익처분으로 지급한 상여금에 해당하는 경우에는 손금에 산입하지 아니한다.

- (법인 46012-1483, 2000.7.3)

➲ 임시주주총회의 결의로 일시적 지급하는 특별상여금

임시주주총회에서 기업경영여건 개선으로 경영진에게 성과급 지급 건을 결의하여, 정관에서 위임한 임원보수규정 및 상여금규정에 따라 상근임원에게 영업이익의 40% 중 총액 20억 한도 내에서 임원에게 지급한 특별상여금이 사실상 이익처분에 해당하는 경우에는 손금에 산입하지 아니한다.

- (서이-125, 2007.1.16.)

2 급여형식을 가장한 대표이사 상여금의 처분

법인이 정관·주주총회 또는 이사회의 결의로 결정된 대표이사 상여금 지급기준에 의하여 실적급(상여금)을 지급하는 경우 동 상여금 지급액은 매사업연도 소득금액 계산에서 지급기준 범위 내에서 이를 손금에 산입하는 것이나, 그 지급기준이 급여형식을 가장한 이익처분에 해당하는 경우에는 그러하지 아니한다.

- (서이46012-12336, 2002.12.27; 국심 2003-2221, 2005.6.24.)

❸ 구체적인 지급기준 없이 지급하는 상여금의 처분

↪ 세부지급기준 없이 이사회의 결의로 지급한 특별상여금

법인이 임원에게 지급하는 상여금 중 정관· 주주총회· 사원총회 또는 이사회의 결의에 의하여 사전에 결정된 급여지급기준에 의하여 지급하는 금액에 대해서만 이를 인건비에 해당하는 것으로 보아 손금에 산입할 수 있을 뿐이라 할 것이다.

정관 및 주주총회 또는 이사회의 결의로 정한 상여금의 지급기준 없이 이사회의 결의에 의하여 상여금을 결의하여 지급한 것일뿐, 임원들별로 구체적인 지급사유 및 성과상여금 산정기준 등 세부지급기준에 관한 내용이 전혀 없어 상여금의 지급기준을 정한 것이라고 볼 수는 없는 점으로 고려해 볼 때, 이 사건 상여금은 원고가 당해 사업연도에 발생한 이익을 소외 임원들에게 특별상여금이란 명칭으로 분배하기로 함으로써 사실상 잉여금의 처분방법을 정한 것에 불과하다 할 것이다. 따라서 이 사건 상여금은 손금산입의 대상이 되지 않는다 할 것이다.

- 서울행정법원-2008-구합-23252, 2008.09.26.

❹ 보수한도만 정한 규정에 의하여 지급한 특별상여금

↪ 성과평가방법 등이 없는 임원보수규정에 의한 지급

특별상여금을 「법인세법」상 손금에 산입하기 위해서는 사전에 결정된 그 임원직책별 특별상여금 산정 및 지급기준에 대한 개별적이고 구체적인 지급기준이나 성과평가방법이 있어야 함에도 불구하고 청구법인의 「임원보수 지급규정」은 임원의 보수한도만 정한 것으로 이러한 부분이 미흡해 보이는 점 등에 비추어 처분청이 쟁점상여금을 이익처분에 의하여 지급하는 상여금으로 보아 손금불산입하고 이 건 법인세를 부과한 처분은 잘못이 없다고 판단됨

- 조심 2019서2108 (2019.10.21.)

● 정관에 정한 보수한도에서 지급한 임원상여금

구체적인 지급규정 없이 정관에 정한 보수한도에서 지급된 쟁점상여금은 이익처분 성격의 상여금이라고 보아 유보된 이익을 쟁점임원에게 배분하기 위하여 상여금의 형식을 취한것으로서 실질적으로 이익처분에 의하여 지급된 것으로 보아 손금불산입으로 처분함.

- 조심 2022서6650 (2022.12.06.)

⑤ 직원급여규정에 의하여 지급한 임원상여금

● 주주총회의사록에 한도액만 정하고 지급한 임원상여금

세무조사 당시 급여지급기준 없이 임원상여금을 지급하였음이 확인되고 주주총회의사록에는 한도액만 정하고 있어 상여금의 지급기준이라고 할 수 없으므로 손금불산입 처분은 정당함

전 관련 법령을 모두 보면 임원에게 지급하는 상여금은 정관·주주총회 또는 사원총회나 이사회의 결의에 의하여 결정된 급여지급기준에 의하여 지급되는 것만 제한적으로 법인의 각 사업연도 소득금액계산상 이를 손금에 산입하고 지급기준에서 정해진 금액을 초과하여 지급하거나 지급기준이 없을 때에는 손금산입할 수 없다는 것이므로,

일반직원의 급여기준에 의해 임원에게 지급된 상여금이라고 하더라도 법령에서 정한 요건을 갖춘 급여지급규정을 근거로 지급하지 않은 임원에 대한 상여금은 손금불산입함이 타당하다.

- (국심1999서1457, 19991229)

● 직원의 상여금 지급 비율로 지급한 임원상여금

직원의 상여금 지급 비율을 기준으로 주주인 임원들에게 초과지급한 상여금을 손금불산입하여 법인세를 과세한 처분

상여금 지급과 관련한 구체적인 기준이 없고 상여금 지급에 대한 합리적인

사유가 없는 경우 실질적으로 이익처분에 의하여 지급되는 상여금에 해당하는 것으로 보아 손금불산입하여 과세한 이 건 처분은 잘못이 없음.

- (조심2021서6630, 2022.02.16.)

⑥ 이사회 결의로 정한 지급규정에 의한 임원원상여금

법인이 임원에게 지급하는 상여금 중 법인세법 시행령 제43조 제2항의 급여지급기준 범위 내에서 이사회의 결의로 제정한 구체적인 지급규정에 의하여 지급하는 금액은 매사업연도의 소득금액을 계산에서 규정에 의한 지급기준 범위 내에서 손금산입 대상이다.

- (서면-710,2008.4.17.)

⑦ 지급시기와 지급률이 없는 지급규정에 의한 임원상여금

임원의 특별상여금에 대하여 회사의 경영실적과 형편을 감안하여 지급 여부와 지급률을 결정한다는 상여금지급규정이 있다더라도 그 구체적인 지급시기와 지급률이 정해지지 않은 때에는 객관적인 지급기준이 있는 것으로 볼 수 없음.

- (국심 99서2678, 2000.6.20.)

⑧ 영업이익의 60%를 초과하는 대표이사 임원상여금

쟁점상여금은 2014사업연도 청구법인의 영업이익의 60%를 초과하는 거액으로 이를 임원 개인에 대한 임금으로 보기 어려운 점, 청구법인이 제출한 자료만으로는 청구법인이 개인에게만 거액의 쟁점상여금을 지급한 합리적인 사유를 확인하기 어려운 점, 청구법인이 제출한 임원 상여금 및 성과급 지급 규정상 쟁점상여금 지급과 관련된 구체적인 기준이 있었다고 보기 어려운 점 등에 비추어 쟁점상여금은 청구법인의 이익을 대표이사에게 배분하기 위하여 상여금의 형식을 취한 것으로서 실질적으로 이익처분에 의하여 지급되는 상여금에 해당하는 것으로 판단되어 손금산입 대상인 통상적인 상여금으로 인정하기는 어렵다 할 것이다.

- 조심 2020중1462 (2020.12.15)

⑨ 내부기준에 의하여 지급하는 임원상여금

사실상 객관적인 기준에 의하여 임원에게 상여금을 지급하였더라도 정관·주주총회 또는 이사회의 결의로 결정된 급여지급기준의 근거가 없으면 손금불산입한다.

- (국심 2000광890, 2001.1.26.)

⑩ 대표이사의 결정으로 지급하는 임원상여금

임원의 상여금 책정에 대하여 주주총회에서 법인의 대표이사에게 그 결정권을 일임한 것에 대하여 이사회에 일임한 것으로 보더라도 이사회의 결의가 없는 때에는 지급기준이 없는 것으로 보아야 함. 정관이나 주주총회 또는 이사회의 결의로 정한 급여지급기준 없이 대표이사의 결정으로 임원에게 상여금을 지급한 것은 손금불산입으로 처분함

- (국심 2001구724, 2001.6.1).

⑪ 특정임원에게만 지급하는 상여금

이사 과반수의 결의에 의한 동 지급기준에 의해 지급하는 임원의 상여금은 법인의 매사업연도 소득금액계산 시 손금으로 인정되는 것이나, 특정임원에게만 정당한 사유 없이 지급률을 차별적으로 정하여 과다하게 지급하는 경우에는 부당행위계산 규정이 적용됨.

- (서이 433, 2006.2.28)

📩 대표이사에게 지급하는 상여금

급여지급기준과 임원의 실적에 따라 차등지급하지 않고 대표이사 개인만 업무성과에 따라 특별상여를 지급하고 비용으로 계상한 경우에는 법인이 임원에게 이익처분한 상여로 보아 손금에 산입하지 아니함.

- (서이-1257, 2005.8.3.)

📩 지배주주 임원에게 지급하는 특별상여금

정당한 사유없이 동일직위에 있는 지배주주 등 외의 임원에게 지급하는 금액을 초과하여 보수를 지급하는 경우 초과금액은 손금에 산입하지 아니하며, 임원에게 지급한 특별상여금이 사실상 이익처분에 해당하는 경우 이를 손금에 산입하지 아니함.

- (법인세과-4200, 2008.12.29.)

📩 이사회의 결의로 대표이사의 과다한 성과급

청구법인은 청구법인의 정관 및 성과급 규정 등에 따라 주주총회 및 이사회의 결의에 의하여 쟁점상여금을 대표이사에게 정당하게 지급하였으므로 쟁점상여금이 손금산입대상이라고 주장하나, 법인이 임원에게 상여금이나 보수를 지급하였다고 하더라도 그것이 법인의 영업이익에서 차지하는 비중과 규모, 상여금 등의 증감추이 및 법인의 영업이익 변동과의 연관성 등 제반 사정을 종합적으로 고려할 때, 해당 상여금 등이 직무집행에 대한 정상적인 대가라기보다는 주로 법인에 유보된 이익을 분여하기 위한 것이라고 볼 수 있다면 이는 이익처분으로서 손금불산입 대상이 되는 상여금으로 볼 수 있다고 할 것이다.

- (조심 2020중1462, 2020.12.15., 대법원 2017.9.21., 2015두60884)

⑫ 동일직위를 초과하는 임원상여금의 처분

↪ 지배주주 임원의 보수가 동일직위를 초과한 상여금

정관, 주주총회, 사원총회 또는 이사회의 결의에 의하여 결정된 지급기준에 정해진 범위 내에서 임원에게 직위별로 업무기능, 업무수행능력, 경력 등을 고려하여 결정된 급여지급기준에 따라 상여금을 지급함에 따라 지배주주 간에 지급률이 달리 적용되는 경우 동일직위에 있는 지배주주인 특정임원에게 상여금을 지급함에 있어 정당한 사유 없이 그 외의 임원에게 지급하는 금액을 초과하여 지급한 금액은 손금불산입 함.

• (서면2팀-447, 2006.02.28.).

↪ 직제상 직위를 초과하는 임원 급여의 손금불산입

쟁점임원에게 정당한 사유 없이 급여를 초과지급하였다고 보아 쟁점초과급여를, 지급규정 없이 지급하였다고 보아 쟁점상여금을 각각 손금불산입한 처분한 과세청이 직제상 더 높은 직위를 가진 임원의 급여와 비교하는 방법으로 적정 급여를 산정한 방법은 무리가 없어 보이는 점, 쟁점상여금은 사실상 이익처분에 의하여 지급된 상여금으로 보이는 점 등에 이 건의 과세청의 처분은 잘못이 없음 (법인세법 제19조, 시행령 제43조)

• 조심 2022구5276 (2022.11.08.)

⑬ 장단기로 나누어 지급하는 임원특별상여금

법인이 집행임원에 대하여 이사회의 승인을 받은 '집행임원특별상여금 지급기준'에 설정된 한도 내에서 단기(매년)와 장기(3년 단위)로 나누어 집행임원의 성과에 따라 지급하는 특별상여금은 손금산입 대상 상여금에 해당하며, 장·단기특별상여금을 사업연도 종료일까지 결정하지 못하고 사업연도 종료일 이후에 확정되는 때에는 당해 특별상여금은 지급의무가 결정된 날이 속하는 사업연도의 손금으로 한다.

- (서면2팀-551, 2006.3.30.

⑭ 주식보상 · 스톡옵션에 의한 임원상여금

🔄 정관 등에 따라 자기주식으로 지급하는 상여금

법인이 정관 주주총회 또는 이사회의 결의에 의하여 결정된 임원의 상여금 지급기준에 따라 상여금을 자기주식으로 지급하는 경우 동 상여금 지급액은 매 사업연도의 소득금액을 계산에서 법인세법 시행령 제43조 제2항의 규정에 의한 지급기준 범위 내에서 손금에 산입하는 것임.

- (서면2팀-294, 2008.02.15)

🔄 주주총회 또는 이사회 결의로 주식으로 지급하는 임원상여금

법인이 정관·주주총회 또는 이사회의 결의에 의하여 결정된 임원상여금지급기준에 따라 상여금을 주식으로 지급하는 경우 동 상여금 지급액은 매사업연도의 소득금액을 계산에서 지급기준 범위 내에서 이를 손금에 산입하며, 이 경우 임원은 등기여부에 관계없이 법인세법 시행령 제43조 제6항(2009.2.4개정전)에 해당하는 자를 말하는 것임.

- (서이 46012-11815, 2002.10.1)

🔄 주식매수선택권 부여 취소에 따른 보상비용 지급액

비상장법인이 임직원에게 부여한 주식매수선택권을 취소함에 따라 임직원에게 지급한 보상 대가는 법인세법상 이익처분에 의하여 지급하는 상여금에 해당하는 것으로 봄이 타당하므로 손금에 산입하지 아니하는 것임.

- (국심 2005중4114-2006.6.28, 서이-1444, 2004.7.12 및 서이-93, 2005.1.13.)

3절 임원 정기상여금규정 설계와 작성

1 임원 정기상여금규정의 작성 개요

◉ 임원 정기상여금의 개요

임원의 정기상여금이란 회사의 임원에게 정관 및 주주총회 또는 이사회의 결의로 사전에 정한 지급규정 등에 근거하여 매사업연도에 일정한 주기와 기준에 따라 계속적·반복적으로 지급하는 급여를 말한다.

또한, 임원 정기상여금은 임원의 안정적 보수 체계를 형성하고, 장기적 재직 유인과 조직 충성도를 확보하기 위한 보상 수단으로 활용된다. 동시에 변동성과 성과연동 보수와 병행하여 전체 보수 구조의 균형을 맞추는 기능을 가진다.

⁘ 정기상여금의 특징

- 정기성: 연 1회·반기·분기 등 일정한 주기에 따라 지급된다.
- 계속성: 일회성이 아니라 매 사업연도 반복된다.
- 고정성: 지급 여부나 금액 산정 기준이 비교적 안정되어 있다.
- 보수성: 임원의 직무 수행에 대한 대가로서의 성격을 가진다.

⁘ 임원 정기상여금의 지급기준

매사업기 1년간 지급하는 임원 정기상여금은 다음의 지급 기준을 사전에 확정하여야 한다.

《 임원 정기상여금의 지급기준 》

구분	정기상여금 지급기준
지급 기간	• 매사업연도, 당사업기, 1년
지급 대상	• 일률적 대상 : 모든 임원
지급 시기	• 정기적 지급 : 2개월, 분기, 반기
지급 금액	• 고정적 상여금

🔵 정기상여금의 지급 대상

임원의 정기상여금 지급 대상을 다음과 같이 규정할 수 있다. 일반적으로 최초 지급대상기간을 재임기간으로 설계할 수 있다.

《 임원 정기상여금의 지급 대상 》

구분	정기상여금 지급 대상
임원 정기상여금	• 3개월 이상 근속하여 재임한 임원 • 6개월 이상 근속 재임한 임원 • 1년 이상 근속 재임한 임원 • 지급일 기준 재임한 임원

🔵 정기상여금의 지급 한도

임원의 상여금은 정관 또는 주주총회의 결의로 정한 임원의 보수총액 및 최고한도액을 이내로 정한 주주총회 또는 이사회의 결의로 정한 금액 또는 임원상여금규정에 의한 금액이어야 한다.

《 임원 정기상여금의 지급 한도 》

구분	임원 정기상여금 손금 한도
임원 정기상여금	• 정관·주주총회 또는 이사회의 결의로 정한 임원의 연간 보수총액 및 최고한도액 이내의 금액

🔵 정기상여금의 지급률 등

임원 정기상여금은 연간 정하여 직위별·직책별로 금액 및 지급률을 설계하여 지급할 수 있다. 매사업기 1년간 임원의 정기상여금을 다음과 같이 금액 등으로 설계할 수 있다.

《 연간 임원 정기상여금의 지급률 》

구분	연간 정기상여금
사장	월 기본급의 400%
부사장, 전무	월 기본급의 300%
상무	월 기본급의 200%
본부장	월 기본급의 100%

◐ 정기상여금의 지급시기

　세무상 임원 정기상여금은 사전에 확정적으로 지급 주기를 정하여 지급하여야 손금에 산입한다. 세무상 손금 산입 요건은 사업기 시작일로부터 3월 이내에 임원 정기상여금 지급 주기를 정하여야 한다.

《 임원 정기상여금의 지급시기 》

구분	임원 정기상여금 지급 주기
임원 정기상여금	• 격월 : 2월, 4월, 6월, 8월, 10월, 12월 • 분기 : 3월, 6월, 9월, 12월 • 반기 : 6월, 12월 • 연간 : 12월

◐ 임원 정기상여금의 손금 대상

　법인세법상 임원상여금은 매사업기 3개월 이내 사전에 확정된 지급대상기간에 대한 금액으로 정관·주주총회 또는 이사회의 결의로 정한 급여지급기준 이내의 금액이어야 한다. (법영§43②).

《 손금 대상의 임원 정기상여금 》

구분	손금 대상의 정기상여금
임원 정기상여금	• 매사업기 3개월 이내 확정된 지급대상기간에 대한 정기상여금 또는 지급규정에 의한 상여금

◐ 임원상여금의 지급 유의사항

　정관, 주주총회 또는 이사회 결의로 정한 사전 확정된 근거 규정이 필요하다. 또한, 과도한 금액이나 불규칙 지급은 세무상 손금불산입 또는 이익처분으로 판단될 소지가 있다. 근로자성이 인정되는 임원의 경우에는 임금성 판단과 연결되어 노동관계 법령의 적용 문제가 발생할 수 있다.

- 사전에 확정된 상여금규정에 의한 상여금
- 과도한 상여금 및 일시적 금액은 손금불산입 대상

② 임원 정기상여금규정의 작성 방법

⊙ 임원 정기상여금규정의 작성 항목

임원 정기상여금규정의 작성 항목은 다음과 같다.

- 회사명과 규정 명칭
- 제정 및 개정일
- 목적, 적용 범위, 지급 대상
- 상여금 종류, 계산기간,
- 지급 금액 및 지급률
- 지급요건, 지급방법, 지급시기
- 지급 제한, 적용 사항
- 규정 개폐
- 적용시기, 시행일

⊙ 정기상여금규정 구성의 체계

임원 정기 상여금 규정의 구성 체계는 다음과 같다.

《 임원 정기상여금규정의 구성 체계 》

총칙	통칙	목적
		적용 범위
		용어정의
		⇩
	본칙	정기상여금 구성
		정기상여금 산정방법
		정기상여금 지급요건
		⇩
	보칙	규정의 개폐 등
		⇩
부칙		시행일 / 경과규정
별표		별표
서식		서식

🔵 명칭과 제정일 등 작성

🔹 규정의 명칭

임원 정기상여금규정의 명칭을 작성한다.

🔹 제정일 등

임원 정기상여금규정의 제정일 및 개정일을 규정한다.

- 제정 : 2021.07.20.
- 개정 : 2023.07.10.

🔵 총칙·통칙의 작성

🔹 규정의 목적

임원 정기상여금규정의 목적을 규정한다.

- 규정 제정의 회사
- 규정 적용의 임원
- 규정 내용의 상여금

🔹 적용 범위 등

임원 정기상여금의 지급 대상 및 규정의 적용 범위를 규정한다.

- 이사, 감사
- 이사보
- 집행임원
- 비등기임원

🔹 지급 대상

임원의 정기상여금 지급 대상을 규정한다.

- 격월 정기상여금 : 2개월 이상 재임자
- 분기 정기상여금 : 3개월 이상 재임자
- 반기 정기상여금 : 6개월 이상 재임자

🔵 본칙의 작성

❖ 상여금의 종류 및 구성

임원 정기상여금의 종류 등을 규정한다.

- 격월 상여금
- 분기 상여금
- 반기 상여금

❖ 계산기간 및 지급기간 등

매사업연도 1년간 임원 정기상여금의 계산기간 및 지급 기간을 규정한다.

- 12월 결산법인 : 매년 1월부터 12월까지
- 3월 결산법인 : 매년 4월부터 다음 해 3월까지
- 6월 결산법인 : 매년 7월부터 다음 해 6월까지

❖ 상여금 지급 대상 등

매사업연도 1년간 임원 정기상여금의 지급 대상을 규정한다.

- 대표이사 사장
- 전무이사, 상무이사
- 감사
- 본부장, 기술연구소장
- 상근 기술고문

❖ 지급률 등

매사업연도 1년간 임원 정기상여금의 금액 및 지급률을 직위별·직책별 또는 직무별로 규정한다.

- 직위별 월 기본급의 400%
- 직책별 월 기본급의 400%
- 직무별 월 기본급의 400%

지급시기

매사업연도 1년간 임원 정기상여금의 지급시기를 규정한다.

- 분기 정기상여금 : 3월, 6월, 9월, 12월
- 반기 정기상여금 : 6월, 12월

지급 제한

임원 정기상여금의 지급 제한 기준을 규정한다.

- 3개월 이내 재임 기간
- 지급일 기준 재임 임원
- 근무하지 않은 날 제외

보칙의 작성

보수계약 등

임원 보수계약의 지급규정의 준수 등 추가적 사항을 규정한다.

- 보수계약의 규정준수 계약사항 등

지급규정의 개폐

이 규정은 주주총회 또는 이사회의 결의로 개정 및 폐지한다.

부칙의 작성

시행일 등

임원 정기상여금규정의 시행일 또는 경과규정 등을 규정한다.

- 시행일 : 이 규정은 202x년 3월 1일 시행한다.
- 소급 적용 : 이 규정은 202x년 1월 1일부터 소급하여 시행한다.
- 경과규정 : 제○○조는 202x년 5월 1일부터 적용한다.

③ 임원 정기상여금규정의 작성 예시

임원 정기상여금 지급규정

(개정 202 . .)

〈총칙〉

제1조(목적)

이 규정은 ○○주식회사(이하 '회사'라 한다) 임원의 정기상여금 지급기준에 관하여 정함을 목적으로 한다.

제2조(적용 범위)

① 이 규정은 회사의 재임하는 상근 임원에게 적용한다.

> 이 규정은 회사의 이사와 감사에게 적용한다.

② 이 규정은 정관 및 주주총회 또는 이사회의 결의로 정한 매사업기 임원의 보수한도를 적용한다.

제3조(지급 대상)

① 매분기 정기상여금은 3개월 이상 재임한 임원에게 지급한다.

② 매반기 정기상여금은 6개월 이상 재임한 임원에게 지급한다.

③ 임원의 정기상여금은 지급일 기준 재임한 임원에게 지급한다.

제4조 (정기상여금의 지급 대상)

① 정기상여금은 3개월 이상 근속한 상근 임원에게 지급한다.

② 정기상여금은 지급일 기준 재임 임원에게 지급한다.

제5조(정기상여금의 계산)

임원 정기상여금은 매년 1월 1일부터 12월 말일까지로 1년간 근속한 임원에게 지급한다.

제6조 (이사의 정기상여금)

이사의 직위별 연간 정기상여금은 다음과 같다.

구분	연간 정기상여금
대표이사 사장	기본급 월봉의 600%
사내이사 전무	기본급 월봉의 500%
사내이사 상무	기본급 월봉의 400%

제7조 (본부장 등 정기상여금)

본부장의 직위별 정기상여금은 다음과 같다.

구분	연간 정기상여금
생산본부장	기본급 월봉의 400%
영업본부장	기본급 월봉의 400%
관리본부장	기본급 월봉의 400%
기술연구소장	기본급 월봉의 400%

제8조 (정기상여금의 지급)

① 임원의 연간 정기상여금은 4분의 1로 균등분할하여 매분기 말월의 기본급 월봉의 지급일에 분기별 정기상여금으로 지급한다.

② 제1항의 정기상여금은 회사에 등록한 임원 명의 계좌로 지급한다.

제9조(지급의 제한)

① 정기상여금은 비상근이사와 비상근감사에게는 지급하지 아니한다.

② 정기상여금은 3개월 미만 재임한 임원과 지급일 기준 재임하지 않는 임원에게는 지급하지 아니한다.

③ 분기별 정기상여금은 근무하지 않은 날은 일별 정기상여금으로 환산하여 제외하고 지급한다.

제10조(보수계약의 규정 준수)

임원의 보수계약은 이 규정을 준수하여 체결하며, 이 규정과 다른 내용의 보수계약은 이 규정의 내용으로 한다.

제11조(규정의 개폐)

이 규정의 개정 및 폐지는 주주총회 또는 이사회의 결의로 한다.

이 규정의 개정 및 폐지는 주주총회의 결의로 한다.

〈부칙〉

제1조(시행일)

이 규정은 202○년 ○○월 ○○일부터 시행한다.

4절 임원 특별상여금규정 설계와 작성

① 임원 특별상여금규정의 작성 개요

◎ 특별상여금의 개요

임원에게 지급하는 특별상여금은 지급대상기간의 근로에 대한 대가로 지급하는 상여금이 아니고, 일시적으로 지급하는 상여금이다. 임원의 특별상여금은 상법상 정관·주주총회 또는 이사회의 결의로 결정한 매사업연도 1년간 보수한도 이내의 금액으로 지급하여야 한다.

또한, 세법상 상여금 중에서 정관·주주총회 또는 이사회의 결의로 정한 급여지급기준에 의한 금액으로 사전에 확정한 지급대상기간의 근로에 대한 상여금이어야 손금 대상이다. 임원 특별상여금의 검토사항은 다음과 같다.

- 상법상 임원의 보수한도 준수
- 세법상 임원의 급여지급기준 준수
- 사전에 확정한 지급대상기간의 여부

◎ 특별상여금의 종류

임원에게 지급하는 특별상여금의 종류와 지급시기는 다음과 같다.

《 임원 특별상여금 종류와 지급시기 등 》

구분	특별상여금 지급 시기 등
명절상여금	설, 추석
휴가상여금	하계휴가, 포상휴가, 근속휴가
포상금	실적포상금, 근속포상금 등
장려금	상품판매장려금, 시장개척장려금, 제품개발장려금, 상품기획장려금 등

⊙ 특별상여금의 지급 한도

임원에게 지급하는 특별상여금은 정관 및 주주총회 또는 이사회의 결의로 저하는 보수총액 및 최고한도액 이내이어야 한다. 또한, 임원에게 지급하는 특별상여금은 정관·주주총회 또는 이사회의 결의로 정한 급여지급기준의 상여금이야 한다. 이를 초과하는 금액은 손금불산입 대상이다. (법영§43②)

《 임원 특별상여금의 지급한도 》

구분	지급 한도
임원특별상여금	• 정관 또는 주주총회 결의로 정한 이사 또는 감사의 보수한도액 • 주주총회 또는 이사회 결의로 정한 집행임원 및 비등기임원의 보수한도액

⊙ 특별상여금의 손금 대상

사전에 지급시기와 지급률 등을 정하지 않고 임원에게 일시적으로 지급하는 특별상여금은 세무상 법인의 비용으로 인정하지 않는 손금불산입 대상이다.

다만, 사전에 확정한 상여금으로 정관·주주총회 또는 이사회의 결의로 정한 급여지급기준에 의하여 근로의 대가로 지급하는 상여금은 손금산입 대상이다.

구분	손금 대상
임원특별상여금	• 정관·주주총회 또는 이사회 결의로 정한 급여지급기준의 금액

② 임원 특별상여금규정의 작성 방법

➤ 임원 특별상여금규정의 작성 항목

임원 특별상여금규정의 작성 항목은 다음과 같이 구성한다.

- 제정일, 규정 목적
- 적용 범위 및 지급대상, 용어정의
- 특별상여금 구성, 산정기간
- 지급률, 차등 지급기준
- 지급요건, 지급방법, 지급제한
- 지급시기, 시행일

➤ 임원 특별상여금규정의 구성 체계

임원 특별상여금규정의 구성 체계는 다음과 같다.

《 임원 특별상여금규정의 구성 》

총칙	통칙	목적
		적용 범위
		용어의 정의
		⇩
	본칙	특별상여금 구성
		특별상여금의 산정기간
		지급요건과 방법
		⇩
	보칙	규정의 개폐 등
		⇩
부칙		시행일 / 경과규정
별표		별표
서식		서식

규정의 명칭 및 개정일의 작성

임원 특별상여금규정의 명칭과 제정 및 개정일을 규정한다.

규정의 명칭

회사명과 임원특별상여금규정 등으로 규정한다.

- 예시) 코페하우스 주식회사 임원특별상여급지급규정
- 예시) (코페하우스 주식회사) 임원특별상여금지급규정

제정일의 규정

지급규정의 제정 및 개정일 등을 규정한다.

- (제정 : 201x. 1. 20.)
- (개정 : 202x. 2. 20.)

총칙 및 통칙의 작성

임원 특별상여금 지급규정에 모두 적용하는 사항을 규정한다.

규정의 목적

지급규정의 목적을 규정한다.

- 규정 적용의 회사명
- 규정 적용의 대상
- 규정 적용의 상여금

적용의 범위 등

지급규정의 적용 범위와 대상을 규정한다.

- 이사, 감사 등 등기임원
- 본부장 등 비등기 집행임원

지급 대상의 규정

특별상여금 지급 대상을 규정한다.

- 명절상여금 : 3개월 이상 재임자
- 휴가상여금 : 6개월 이상 재임자
- 근속상여금 : 10연 이상 재임자
- 지급일 기준 재임자 등

🔵 본칙의 작성

임원 특별상여금의 결정·계산·지급방법, 특별상여금의 산정기간·지급시기 및 승급(昇給)에 관한 사항 등을 규정한다.

❖ 특별상여금의 종류

임원 특별상여금의 종류를 규정한다.

- 명절상여금
- 휴가상여금
- 포상상여금

❖ 특별상여금의 금액 등

임원 특별상여금별의 지급률과 지급액을 규정한다.

- 명절상여금 : ○○○만원 : 임원 모두
- 휴가상여금 : ○○○만원 : 임원 모두
- 포상상여금 : ○○○만원 : 포상 대상 임원

❖ 지급시기 등

임원 특별상여금의 지급시기 등을 규정한다.

- 명절상여금 : 추석, 설날
- 휴가상여금 : 하계휴가일
- 포상상여금 : 창립기념일

🔵 보칙의 작성

❖ 보수계약 사항

임원보수계약의 지급규정 준수 사항을 규정한다.

◈ 지급규정의 개폐

임원 특별상여금규정의 개정 및 폐지에 관한 의결기관을 규정한다.

- 주주총회 결의에 의한 개폐
- 이사회 결의에 의한 개폐

➤ 부칙의 작성

◈ 시행일

임원 특별상여금규정의 시행일을 규정한다.

◈ 소급 적용

임원 특별상여금규정의 소급 적용 시기를 규정한다.

◈ 경과규정

임원 특별상여금규정의 경과 후 적용 시기를 규정한다.

③ 임원 특별상여금규정의 작성 예시

임원 특별상여금 지급규정

(제정 202x   .   .)

〈총 칙〉

제1조(목적)

이 규정은 ○○주식회사(이하 '회사'라 한다) 임원의 특별상여금 지급기준에 관하여 정함을 목적으로 한다.

제2조(적용 범위)

① 이 규정은 회사의 재임하는 임원에게 적용한다.

> 이 규정은 회사의 이사와 감사에게 적용한다.

② 이 규정은 정관 및 주주총회 또는 이사회의 결의로 정한 보수한도를 적용한다.

제3조(지급 대상)

① 명절상여금은 3개월 이상 재임한 임원에게 지급한다.

② 휴가상여금은 6개월 이상 재임한 임원에게 지급한다.

③ 근속상여금은 10년 이상 근속한 임원에게 지급한다.

④ 임원의 특별상여금은 지급일 기준 재임한 임원에게 지급한다.

제4조(특별상여금의 구성)

임원에게 지급하는 특별상여금의 다음과 같이 구성한다.

1. 명절상여금
2. 휴가상여금
3. 근속상여금
4. 포상상여금

제5조(명절상여금)

① 임원에게 다음의 날에 상여금을 지급할 수 있다.

   1. 설날

   2. 추석

② 임원에게 제1항 날에 상여금을 다음과 같이 지급할 수 있다.

   1. 대표이사 : 300만원

   2. 전무이사 : 200만원

   3. 상무이사 : 150만원

   4. 본부장 : 100만원

   5. 기술연구소장 : 100만원

③ 임원에게 제1항의 날 1일전에 제2항의 상여금을 지급할 수 있다.

제6조(휴가상여금)

① 임원에게 매년 7월부터 9월까지 하계휴가 상여금을 지급할 수 있다.

② 임원에게 제1항의 기간에 하계휴가 상여금을 다음과 같이 지급할 수 있다.

   1. 대표이사 : 300만원

   2. 전무이사 : 200만원

   3. 상무이사 : 150만원

   4. 본부장 : 100만원

   5. 기술연구소장 : 100만원

③ 임원에게 제2항의 상여금을 제1항의 하계휴가일 1일 전에 지급할 수 있다.

제7조(근속상여금)

① 회사는 장기근속한 임원에게 상여금을 다음과 같이 지급할 수 있다.

   1. 10년 이상 근속 : 기본연봉의 10%

   2. 15년 이상 근속 : 기본연봉의 15%

   3. 20년 이상 근속 : 기본연봉의 20%

③ 회사는 제1항의 상여금을 회사창립기념일에 지급할 수 있다.

제8조(포상상여금)

① 회사의 성장과 발전에 크게 이바지한 다음의 임원에게 포상상여금을 지

급할수 있다.

　　1. 제품과 상품의 개발 및 생산에 크게 이바지한 임원

　　2. 제품과 상품의 판매에 크게 이바지한 임원

　　3. 회사의 성장에 크게 이바지한 임원

　② 제1항 임원과 상여금은 이사회의 결의로 정한다.

　③ 제2항의 상여금은 회사창립기념일에 지급한다.

제9조(상여금의 지급)

임원상여금은 지급일 기준 재임하는 임원에게 지급한다.

제10조(규정의 준수)

임원보수계약은 임원상여금규정을 준수하여 체결하여야 하며, 보수계약의 내용이 다른 경우 이 규정의 내용으로 한다.

제11조(규정의 개폐)

이 규정의 개정 및 폐지는 이사회의 결의로 한다.

> 이 규정의 개정 및 폐지는 주주총회의 결의로 한다.

〈부 칙〉

제1조(시행일)

이 규정은 202○년 ○○월 ○○일부터 시행한다.

5절 임원 실적성과급규정 설계와 작성

1 임원 실적성과급규정의 작성 개요

임원 실적성과급의 개요

임원에게 지급하는 실적성과급은 매사업연도 분기간 또는 반기간의 조직 부문 또는 개인 부문의 실적을 평가하여 실적에 대하여 성과급으로 보상하는 급여제도이다.

임원의 실적성과급은 상법상 매사업연도 임원의 보수결정에 보수한도 이내의 금액이어야 한다. 또한, 세법상 급여지급기준에 의한 상여금으로 성과산정지표 및 그 목표, 성과의 측정 및 배분 방법에 의한 손금산입 대상의 금액이어야 한다. 사전에 확정한 지급대상기간의 상여금으로 근로의 대가이어야 한다.

임원 실적성과급 지급에 관한 성과급의 검토 사항은 다음과 같다.

- 상법상 임원의 보수결정에 의한 보수한도 금액
- 세법상 임원의 급여지급기준에 의한 상여금
- 사전에 확정한 지급대상기간에 대한 근로의 대가

임원 실적성과급의 종류

임원의 실적성과급은 일반적으로 중소기업은 조직부문 실적을 기준으로 실적성과급을 지급한다. 그러나 사업조직 특성상 개발부문, 계약부문, 무역부문, 기획부문, 기술부분 등은 직무담당 실적을 평가하여 개별실적 성과급을 지급할 수 있다. 임원의 실적성과급 지급 대상을 구분하면 다음과 같다.

구분	성과급 대상 임원
개인실적 성과급	• 직무부문 담당자 임원
조직실적 성과급	• 조직부문 책임자 임원
경영실적 성과급	• 경영책임 경영자 임원

🔵 임원 실적성과급의 손금 기준

임원에게 지급하는 성과급은 상법상 임원의 보수한도와 세법상 급여지급기준에 의한 금액으로, 사전에 확정한 지급대상기간에 대한 근로의 대가로 지급하는 금액은 손금 대상이다.

또한, 임원에게 지급하는 성과급은 상법상 임언의 보수한도에서 주주총회 또는 이사회의 결의로 정한 성과산정지표 및 그 목표, 성과의 측정 및 배분 방법 등에 의하여 지급하는 경우에 손금 대상으로 본다.

임원성과급의 손금 기준을 요약하면 다음과 같다.

구분	손금 대상
임원 실적성과급	• 상법상 정관 및 주주총회 또는 이사회의 결의로 정한 보수한도 금액 • 세법상 상여금 중 정관·주주총회 또는 이사회의 결의로 정한 급여지급기준에 의한 금액 • 세법상 사전에 확정한 성과급지급기준에 의한 금액 • 세법상 지급대상기간의 근로에 의한 상여금

▶ 관련 법령

- 상법 제388조, 제415조, 제408조의2
- 법인세법 시행령 제43조
- 소득세법 제20조

🔵 조직실적 성과급

사업 조직의 부문별 실적은 매월 또는 분기별 등의 평가 기간의 부문별 평가항목의 실적으로 평가하거나, 사전에 정한 실적평가항목에 대한 목표달성기준의 달성률로 평가하여 조직실적 성과급을 지급한다.

사업조직의 부문별 실적을 예시하면 다음과 같다.

- 생산공장 ○○제품 생산실적
- 영업부서 ○○상품 판매실적
- 수출부서 수출물품 수출실적

• 상품개발팀 상품개발실적 및 개발상품 판매실적

《 조직실적 성과급 평가항목 》

조직 부문	평가 항목
생산 부문	• 생산량 + 불량률
영업 부문	• 판매량 + 순매출액
관리 부문	• 매출액 + 순매출액
상품개발팀	• 개발상품 매출액

개인실적 성과급

임원별 개인 실적은 매월 또는 분기별 등의 평가 기간의 개인 실적 평가항목의 실적으로 평가하거나, 사전에 정한 실적평가항목에 대한 목표달성기준의 달성률로 평가하여 개인실적 성과급을 지급한다.

개인실적 평가항목을 예시하면 다음과 같다.

《 개인실적 성과급 평가항목 》

개인 부문	평가 항목
판매, 매출	• 판매액, 매출액
생산, 개발	• 생산량, 신규상품
유통, 수출입	• 판매점, 수출입액
기타실적	• 신규거래처 발굴

② 임원 실적성과급규정의 작성 방법

🔄 임원 실적성과급규정의 작성 항목

임원의 실적성과급 규정의 작성 항목은 다음과 같다.

- 목적, 적용 범위
- 지급대상, 용어정의
- 실적성과급 구성, 산정기간
- 실적기준, 실적계산 방법
- 지급방법, 지급제한, 지급시기
- 규정의 개폐, 시행일 등

🔄 지급규정의 구성 체계

임원의 실적성과급 규정의 구성 체계는 다음과 같다.

《 임원 실적성과급규정의 구성 》

총칙	통칙	목적
		적용 범위
		용어의 저의
		⇩
	본칙	실적성과급 구성
		실적성과급 계산
		지급방법과 제한
		⇩
	보칙	규정 개폐
		⇩
부칙		시행일 / 경과규정
별표		별표
서식		서식

🔵 규정의 명칭과 제정일 등 작성

✦ 명칭 등

회사명과 지급규정의 명칭을 규정한다.

- 예 : 코페하우스 주식회사
- 예 : 임원 실적성과급 지급규정

✦ 제정일 등

지급규정의 제정 및 개정일 등을 규정한다.

- (제정 : 201x.01.20.)
- (개정 : 202x.02.20.)

🔵 총칙 및 통칙의 작성

임원 실적성과급규정에 모두 적용하는 사항을 규정한다.

✦ 규정의 목적

지급규정의 목적을 규정한다.

- 규정 적용의 회사명
- 규정 적용의 임원
- 규정 적용의 실적성과급

✦ 적용의 범위 등

지급규정의 적용 범위와 대상을 규정한다.

- 등기임원
- 비등기임원

✦ 지급 대상

실적성과급 지급 대상 및 지급 제한 기준을 규정한다.

- 매분기 실적성과급 지급
- 매반기 실적성과급 지급

- 실적평가의 정의

🔹 본칙의 작성

임원 실적성과급의 결정과 계산 및 지급방법, 실적성과급의 산정기간과 지급시기 및 승급(昇給)에 관한 사항 등을 규정한다.

❖ 실적성과급의 구분

매사업연도 1년간 임원 실적성과급의 종류를 규정한다.
- 조직부문 실적성과급
- 개인부문 실적성과급

❖ 산정기간

매사업연도 1년간 임원 실적성과급의 산정기간을 규정한다.
- 분기별 성과급 산정기간
- 반기별 성과급 산정기간

❖ 실적성과급의 평가 등

매사업연도 1년간 임원 실적성과급의 평가기준과 지급률을 규정한다.
- 성과급 평가항목의 구성 및 기준
- 성과급 평가에 의한 지급률 책정

❖ 지급시기 등

매사업연도 1년간 임원 실적성과급의 지급시기 등을 규정한다.
- 월별, 분기별, 반기별 성과급 지급시기

🔹 보칙의 작성

❖ 보수계약 등

임원보수 계약의 지급규정 준수에 대한 사항을 규정한다.

❖ 규정의 개폐

지급규정의 개정 및 폐지를 결정하는 의결기관을 규정한다.
- 주주총회
- 이사회

● 부칙의 작성

❖ 시행일

임원 실적성과급규정의 시행일에 관한 사항을 규정한다.

❖ 소급규정

임원 실적성과급규정의 소급 규정에 관한 사항을 규정한다.

❖ 경과규정

임원 실적성과급규정의 경과규정에 관한 사항을 규정한다.

③ 임원 실적성과급규정의 작성 예시

임원 실적성과급 지급규정

(제정 202 . .)

〈 총칙 〉

제1조(목적)

이 규정은 ○○주식회사(이하 "회사"라 한다) 임원에게 지급하는 실적성과급의 산정과 지급기준에 관하여 정함을 목적으로 한다.

제2조(적용 범위)

① 이 규정은 회사에 재임하는 등기임원 및 비등기임원에게 적용한다.

> 이 규정은 회사에 재임하는 이사와 감사에게 적용한다.

② 이 규정은 정관 및 주주총회 또는 이사회의 결의로 정한 매사업기 연간 임원의 보수한도를 적용한다.

제3조(지급 대상)

① 분기별 실적성과급은 매분기 3개월 이상 재임한 임원에게 지급한다.

② 반기별 실적성과급은 매반기 6개월 이상 재임한 임원에게 지급한다.

③ 실적성과급은 지급일 기준 재임한 임원에게 지급한다.

제4조(실적성과급의 구성)

매사업연도 1년간 임원의 실적성과급은 다음과 같이 구성한다.

1. 경영부문 실적성과급
2. 조직부문 실적성과급

제5조(경영부문 실적성과급)

① 매사업연도 경영부문의 실적평가기준은 다음과 같다. 단, 전기실적과 당기실적은 각 실적평가항목을 가중평균한 실적률로 산정한다.

실적평가항목	목표달성기준	목표달성률
매출액, 생산량, 판매량, 순매출액	전기실적	당기실적 ÷ 전기실적 × 100 = 달성률(%)

*순매출액 = 매출액 - 매출채권회수금

② 제1항의 경영부문 실적평가기준에 의한 당기의 분기별 실적에 대한 분기별 실적성과급은 다음과 같이 산정한다.

대상	분기별 목표달성률	분기별 실적성과급
대표이사 사장	110% 이상	기본급 월봉의 100%
전무이사	120% 이상	기본급 월봉의 120%
상무이사	130% 이상	기본급 월봉의 130%

제6조(조직부문 실적성과급)

① 매사업연도 조직부문의 실적평가기준은 다음과 같다. 단, 전기실적과 당기실적은 조직별 실적평가항목을 가중평균한 실적률로 산정한다.

조직부문 실적평가항목		목표달성기준	목표달성률
생산본부	생산량, 매출액	전기실적	당기실적 ÷ 전기실적 × 100 = 달성률(%)
영업본부	판매량, 순매출액		
관리본부	매출액, 순매출액		

② 제1항의 조직부문 실적평가기준에 의한 당기의 분기별 실적에 대한 분기별 실적성과급은 다음과 같이 산정한다.

대상	분기별 목표달성률	분기별 실적성과급
생산본부장 영업본부장 관리본부장	110% 이상	기본급 월봉의 110%
	120% 이상	기본급 월봉의 115%
	120% 이상	기본급 월봉의 120%
	125% 이상	기본급 월봉의 125%
	130% 이상	기본급 월봉의 130%

제7조(실적성과급의 지급)

① 임원의 분기별 실적성과급은 매 분기 밀월 다음 달의 기본급 월봉의 지

급일에 지급한다.

② 신임 임원의 실적성과급은 근무한 날로부터 당 분기의 말일까지 일별계산하여 지급한다.

제8조(지급제한)

회사는 비상근이사, 비상근감사에게 실적성과급을 지급하지 아니한다.

제9조(보수계약의 준수)

임원의 보수계약은 이 규정을 준수하여 체결하여야 하며, 이 규정과 다른 내용의 보수계약은 이 규정의 내용으로 한다.

제10조(규정의 개폐)

이 규정의 개정 및 폐지는 이사회의 결의로 한다.

> 이 규정의 개정 및 폐지는 주주총회의 결의로 한다.

〈 부 칙 〉

제1조(시행일)

이 규정은 ○○○○년 ○○월 ○○일부터 시행한다.

6절 임원 경영성과급규정 설계와 작성

① 임원 경영성과급규정의 작성 개요

경영성과급의 개요

임원의 경영성과급은 매사업기 또는 매사업연도의 경영성과에 대하여 경영자인 임원에게 지급하는 상여금이다.

임원에게 지급하는 경영성과급은 상법상 임원보수결정에 의한 보수한도의 금액이어야 한다. 또한, 세법상 급여지급기준에 의한 상여금으로 사전에 확정한 지급대상기간에 대한 근로의 대가이어야 한다.

또한, 사전에 확정한 성과산정지표 및 그 목표, 성과측정 기준, 배부 방법 등에 의한 성과급이어야 손금 대상이다.

《 임원 경영성과급의 지급 요건 》

구분	지급 요건
임원 경영성과급	• 사전에 정한 성과산정 지표 및 그 목표, 성과측정 기준 및 배부 방법 등 지급기준에 의한 성과급 • 사전에 확정한 지급대상기간에 근로의 대가로 지급하는 상여금

경영성과급의 지급 대상

임원경영성과급의 지급 대상은 당기 또는 매사업연도에 사업부문 성과를 발생한 1년 이상 근무한 임원을 지급 대상으로 한다. 경영성과급의 지급이 임원 직무를 수행하는 동기부여 및 경영성과의 촉진에 있다면 성과 발생 사업 부문 임원을 지급 대상으로 하여야 한다.

구분	지급 대상
임원 경영성과급	• 경영책임자 (회장, 사장, 부사장 등) • 조직책임자 (생산, 영업, 관리 등 본부장) • 직무책임자 (재무, 기술, 인사, 마케팅)

● 경영성과급의 지급 한도

매사업연도 1년간 이사 또는 감사의 경영성과급은 정관 및 주주총회 결의로 정한 이사 및 감사의 보수한도 이내의 금액이어야 한다.

또한 매사업연도 1년간 집행임원 및 비등기임원의 경영성과급은 정관이나 주주총회 또는 이사회의 결의로 정한 보수한도 이내의 금액이어야 한다.

《 임원 경영성과급의 지급 한도 》

구분	지급 한도
임원 경영성과급	• 정관 및 주주총회의 결의로 정한 이사·감사의 보수한도 이내의 금액 • 정관·주주총회 또는 이사회의 결의로 정한 집행임원·비등기임원의 보수한도 이내의 금액

● 경영성과급의 손금 대상

매사업연도 1년간 임원에게 지급하는 경영성과급은 정관 및 주주총회 또는 이사회의 결의로 정한 급여지급기준에 의한 금액은 손금산입 대상이다. 이를 초과하는 금액은 손금불산입 대상이다.

임원의 경영성과급 손금 대상은 사전에 성과산정 지표 및 그 목표, 성과측정 기준, 배부 방법 등 주주총회 또는 이사회의 결의로 정한 지급기준에 의한 성과급이어야 한다.

또한, 사전에 확정한 지급대상기간을 정한 경영성과급으로 근로의 대가이어야 한다.

구분	지급 한도
임원 경영성과급	• 정관 및 주주총회 또는 이사회의 결의로 정한 급여지급기준에 의한 금액 • 사전에 정한 성과산정 지표 및 그 목표, 성과측정 기준 및 배부 방법 등을 주주총회 또는 이사회의 결의로 정한 지급기준에 의한 성과급 • 사전에 확정한 지급대상기간에 의한 성과급으로 근로의 대가이어야 한다.

● 경영성과급의 설계 요령

••• 경영성과급 배부기준

매사업연도 1년간 개별 임원의 보수한도에서 경영성과급의 배부기준은 다음과 같이 설계할 수 있다.

• 연간 기본급 대비 10% ~ 30%

보수총액 (기본급 + 경영성과급)	
기본급 80%	경영성과급 20%

••• 경영성과의 산정기간

회사의 경영성과급 지급을 위한 경영성과 계산기간은 당기 또는 반기를 계산기간으로 한다.

• 당기 성과 : 각 사업기 1년
• 반기 성과 : 각 사업기의 6개월

••• 경영성과급 평가 항목

임원의 경영성과는 당기 또는 매사업연도의 매출액, 영업이익 등을 평가하여 매년 12월 또는 다음 해 1월에 경영성과급을 지급하는 것이 일반적이다. 경영성과급 평가 항목은 다음과 같다.

《 경영성과급 평가 항목 》

구분	경영성과급 평가 항목
경영성과급	• 매출액, 순매출액, 영업이익 • 영업실적, 생산실적, 매출채권회수실적 • 시장개척실적, 신규거래실적 • 상품개발실적, 기술개발실적, 상품기획실적 • 신규사업실적, 투자사업실적 • 기타 성과실적

••• 경영성과급 설계 내용

  매사업연도 1년간 임원 경영성과급은 회사의 매출과 영업이익, 투자실적과 성과 등을 종합 평가하여 사전에 정한 목표 달성 등에 대한 지급률을 정하는 방법으로 설계한다. 경영성과급 설계 내용을 요약하면 다음과 같다.

《 경영성과급 설계 내용 》

구분	경영성과급 설계내용
평가 기간	1년 또는 각 사업기간
평가 방법	목표설정 → 달성률
평가 요소	생산량, 판매량, 매출액, 영업이익 등
성과급 지급률	달성률에 의한 지급률 책정
지급 시기	사업기 말월 또는 다음 달 등

② 임원 경영성과급규정 작성 방법

경영성과급 규정의 작성 항목

임원의 경영성과급 규정의 작성 항목은 다음과 같다.

- 목적, 적용 범위
- 지급대상, 용어정의
- 경영성과급 구성, 산정기간
- 성과평가 기준, 성과계산 방법
- 지급방법, 지급제한, 지급시기
- 규정개폐, 시행일 등

경영성과급 규정의 구성 체계

임원의 경영성과급 규정의 구성 체계는 다음과 같이 구성한다.

《 임원 경영성과급 규정의 구성 》

총칙	통칙	목적
		적용 범위
		용어의 정의

⇩

	본칙	경영성과급 구성
		경영성과급 산정
		경영성과급 지급

⇩

보칙	규정 개폐 등

⇩

부칙	시행일 / 경과규정
별표	별표
서식	서식

🔵 규정 명칭과 제정일 등 작성

⬥ 규정의 명칭

회사명과 규정의 명칭을 작성한다.

⬥ 제정일 등

지급규정의 제정 및 개정일 등을 규정한다.

- (제정 : 201x.01.20.)
- (개정 : 202x.02.20.)

🔵 총칙 및 통칙의 작성

임원 경영성과급 규정에 모두 적용하는 사항을 규정한다.

⬥ 규정의 목적

지급규정의 목적을 규정한다.

- 규정 적용의 회사명
- 규정 적용의 임원
- 규정 적용의 경영성과급

⬥ 적용 범위 등

지급규정의 적용 범위와 대상을 규정한다.

- 등기임원
- 비등기임원

⬥ 지급 대상

경영성과급 지급 대상 임원을 규정한다.

- 반기 경영성과급 지급 대상
- 당기 경영성과급 지급 대상

🔵 본칙의 작성

임원경영성과급의 결정과 계산 및 지급방법, 경영성과급의 산정기간과 지급시기 및 승급(昇給)에 관한 사항 등을 규정한다.

❖ 경영성과급의 구분

임원 경영성과급의 종류를 규정한다.
- 경영부문 경영성과급
- 사업부문 경영성과급

❖ 산정기간

임원 경영성과급의 산정기간을 규정한다.
- 반기별 산정기간
- 사업기별 산정기간

❖ 경영성과급의 평가 등

임원 경영성과급의 평가기준과 지급률을 규정한다.
- 성과급 평가항목의 구성 및 기준
- 성과급 평가에 의한 지급률 책정

❖ 지급시기 등

임원 경영성과급의 지급시기 등을 규정한다.
- 반기별 경영성과급 사업기별 경영성과급의 지급시기를 결정한다.

🔵 보칙의 작성

❖ 추가 사항

임원보수 계약의 지급규정의 준수 사항을 규정한다.

❖ 지급규정의 개폐

임원경영성과급규정의 개정 및 폐지는 주주총회 또는 이사회의 결의로 한다.

🔵 부칙의 작성

✤ 시행일

지급규정의 시행일을 규정한다.

✤ 소급적용

지급규정 및 일부규정 조항의 소급 적용을 규정한다.

✤ 경과규정

지급규정의 경과 후 적용에 대하여 규정한다.

임원 경영성과급 지급규정

(제정 20 . .)

〈 총칙 〉

제1조(목적)

이 규정은 ○○주식회사(이하 "회사"라 한다) 임원의 경영성과급 지급에 관한 기준을 정함을 목적으로 한다.

제2조(적용 범위)

① 이 규정은 회사에 재임하는 임원에게 적용한다.

이 규정은 회사에 재임하는 이사와 감사에게 적용한다.

② 이 규정은 정관 및 주주총회 또는 이사회의 결의로 정한 임원의 보수한도를 적용한다.

제3조(지급 대상)

① 경영성과급은 매 반기 6개월 이상 재임한 임원에게 지급한다.

② 임원의 경영성과급은 지급일 기준 재임한 임원에게 지급한다.

제4조(경영성과급의 구성)

임원의 경영성과급은 다음과 같이 구성한다.

1. 당기 경영성과급
2. 반기 경영성과급

제5조(경영성과의 평가)

① 전반기 경영평가기간의 경영평가항목과 경영평가목표는 다음과 같다.

구분	경영평가항목	경영성과목표
전반기	매출액	80억원
	영업이익	8억원

② 후반기의 경영평가기간의 경영평가항목과 경영성과목표는 다음과 같다.

구분	경영평가항목	경영성과목표
후반기	매출액	120억원
	영업이익	12억원

③ 당기의 경영성과 계산기간의 경영평가목과 경영성과목표는 다음과 같다.

구분	경영평가항목	경영성과목표
당기	매출액	200억원
	영업이익	20억원

제6조(경영부문 경영성과급)

① 경영부문 경영성과급은 제5조의 경영평가항목별 경영성과목표에 대한 달성률을 가중평균하여 다음의 경영성과 달성률에 대한 경영성과급 지급률로 계산한다.

대상	경영성과 달성률	경영성과급 지급률 (기본연봉기준)		
		전반기	후반기	당기
대표이사 전무이사 상무이사	120% 이상	5%	5%	10%
	130% 이상	10%	10%	20%
	140% 이상	15%	15%	30%

② 제1항의 경영성과급은 당해 기간 근속한 임원에게 지급한다. 다만, 신임 임원은 경영성과급 계산액을 재임기간으로 월할 계산한다.

제7조(조직부문 경영성과급)

① 조직부문 경영성과급은 제5조의 경영평가항목별 경영성과목표에 대한 달성률을 가중평균하여 다음의 경영성과 달성률에 대한 경영성과급 지급률로 계산한다.

대상	경영성과 달성률	경영성과급 지급률 (기본연봉기준)		
		전반기	후반기	당기
본부장 기술연구소장	120% 이상	5%	5%	10%
	130% 이상	10%	10%	20%
	140% 이상	15%	15%	30%

② 제1항의 경영성과급은 당해 기간 근속한 임원에게 지급한다. 다만, 신임 임원은 경영성과급 계산액을 재임기간으로 월할 계산한다.

제8조(경영성과급의 지급)

① 경영성과급은 통화 및 현금으로 임원명의 계좌로 지급한다.

② 전반기 경영성과급은 매년 7월 또는 8월의 말일까지 지급한다.

③ 후반기 경영성과급은 매년 12월 또는 다음 해 1월 또는 2월의 말일까지 지급한다.

④ 당기 경영성과급은 매년 12월 또는 다음 해 1월 또는 2월의 말일까지 지급한다.

제9조(지급의 제한)

① 비상무이사, 비상근감사에게는 경영성과급을 지급하지 아니한다.

② 전반기 또는 후반기 경영성과급을 지급한 경우 당기의 경영성과급을 지급하지 아니한다.

③ 회사는 대표이사의 결정으로 경영성과급을 감액이나 증액, 지급일을 변경하여 지급할 수 있다.

④ 회사는 경영성과급을 이사회의 결의로 지급하지 아니할 수 있다.

제10조(규정의 개폐)

이 규정의 개정 및 폐지는 이사회의 결의로 한다.

이 규정의 개정 및 폐지는 주주총회의 결의로 한다.

〈 부 칙 〉

제1조(시행일)

이 규정은 ○○○○년 ○○월 ○○일부터 시행한다.

7절 중소기업의 임원상여금규정 결의와 제정

① 주주총회의 임원상여금규정 결의서 작성 개요

🔄 주주총회의 소집 개요

주식회사의 주주총회는 정기주주총회와 임시주주총회로 구분하여 소집한다. 일반적으로 정기주주총회는 정관에 매사업기 종료일로부디 90일 이내에 소집 시기를 규정하여 개최한다. 임시주주총회는 필요한 경우에 수시로 소집하여 개최할 수 있다.

- 정기주주총회 : 매년 1회 일정한 시기에 이를 소집하여야 한다(상법§365①).
- 임시주주총회 : 필요한 경우에 수시로 소집할 수 있다(상법§365③).

❖ 임원상여금규정의 제정 시기

매사업기 임원보수규정은 3개월 이내에 제정하여 매사업기 연간 보수한도에 소급하여 적용한다.

- 당기 적용 임원상여금규정 : 매년 1월~3월 이내에 제정·개정

🔄 주주총회 소집 절차

❖ 총회 소집의 이사회 결의 등

주식회사 등 주주총회는 이사회의 소집 결의를 거쳐 2주 전, 자본금 10억원 미만 회사는 10일 전에 주주에게 통지서를 발송하여 개최한다. 다만, 주주 전원이 주주총회 소집을 동의한 경우에는 주주총회 소집 통지 없이 주주총회를 개최할 수 있다.

❖ 총회 소집 절차

주주총회의 소집 및 결의 절차는 다음과 같다.

《 주주총회 소집 절차 》

절차		일정 및 결의 사항	결의서 등
이사회	d-14	• 주주총회 소집 결의 • 주주총회 소집 통지	이사회의사록
소집 동의	d-0	• 주주총회 소집 총주주동의서 　(주총 소집생략 총주주동의서)	총회소집　주주전 원동의서
주주총회	d-0	• 주주총회 개최 • 임원상여금규정 제정 결의	주주총회의사록

주주총회 결의기준

임원상여금규정 제정을 위한 주주총회의 결의는 출석한 주주 의결권 과반수
와 발행주식총수 1/4 이상의 찬성으로 제정한다.

- 출석주주 의결권 과반수
- 발행주식 총수의 4분의 1

주주겸임원의 의결권 제한

주주총회의 결의로 임원보수규정 제정할 때 당사자인 임원의 의결권은 행사
할 수 없다. 당사자인 의결권은 의사결정에서 의결권 수에 산입하지 아니한다
(상법§368③).

- 의결정족수(의결권수) : 불산입
- 의사정족수(발행주식총수) : 산입

주주겸임원의 의결권 제한 예외

다만, 주주겸임원의 의결권을 제한하여 주주총회 결의로 임원의 보수한도를
결정한 경우에 그에 따른 임원상여금규정을 주주총회의 결의로 제정할 때 주주
겸임원의 의결권을 재제한하지 않는다.

- 주총결의 임원보수규정 제정 : 의결권 제한 미적용

② 주주총회의 임원상여금규정 결의서 작성 예시

➡ 주주총회결의서 작성 예시

(임시) 주주총회의사록

코페하우스 주식회사는 정관에 의하여 주주총회를 소집하여 다음과 같이 의결하였다.

1. 소집

 1-1. 일시: 202x년 2월 20일, 오전 10:00시

 1-2. 장소: 서울특별시 강남구 테헤란로 1 코페하우스 본사 회의실

 1-3. 출석 주주 (의결권 있는 주주와 주식)

  - 주주의 총수: 5명 - 발행주식의 총수: 200,000주

  - 출석주주의 수: 5명 - 출석주주의 주식 수: 200,000주

(첨부1) 주주명부

2. 개회

정관에 의하여 대표이사 ○○○가 총회의 의장으로서 위와 같이 의결정족수 이상의 주주가 출석하여 총회소집이 적법하게 성립됨을 알리고 202x 년 2월 20일 오전 10시 10분에 총회의 개회를 선언하다.

3. 의결

제1호 의안 : 임원상여금지급규정의 승인 건

의장은 임원의 개별보수 상여금을 (첨부2) 임원상여금지급규정에 의하여 지급할 필요성을 설명하고 이를 의안으로 상정하여 심의 및 결의를 요청하여 출석주주 전원이 찬성하여 승인으로 가결하다.

 (첨부2) 임원상여금지급규정

4. 폐회

의장은 총회 안건을 모두 심의 및 결의하였음을 알리고 202x 년 2월 20일 오전 11시 00분에 주주총회의 폐회를 선언하다.

위와 같이 총회의 경과요령에 대한 의사록을 작성하고 의장과 이사가 서명 또는 기명날인으로 증명한다.

(첨부1) 주주명부
(첨부2) 임원상여금지급규정

202x년 2월 20일
(회사명) 코페하우스 주식회사
(소재지) 서울특별시 강남구 테헤란로 1

(대표이사)	(인)
(사내이사)	(인)
(사내이사)	(인)

❸ 이사회의 임원상여금규정 결의서 작성 개요

🔄 이사회의 소집 개요

이사회는 각 이사가 소집한다. 그러나 이사회의 결의로 소집할 이사를 정관 등으로 소집권자를 정한 경우에는 때에는 그러하지 아니하다. 일반적으로 대표이사를 소집권자로 정관 또는 이사회규정 등으로 정한다.

이사회를 소집함에는 회일을 정하고 그 1주간 전에 각 이사 및 감사에 대하여 통지를 발송하여야 한다. 그러나 그 기간은 정관으로 단축할 수 있다.

이사회는 이사 및 감사 전원의 동의가 있는 때에는 그 소집통지 및 절차없이 언제든지 회의할 수 있다. (상법 제390조)

- 소집시기 : 수시 또는 이사의 정기(매 3개월) 보고 시기
- 소집권자 : 정관·이사회규정 등으로 정한 이사
- 소집통지 : 이사회일 1주간 전에 서면으로 통지
- 소집생략 : 이사·감사의 전원 동의 시

🔄 이사회의 결의 절차

주식회사 등 이사회의 소집 절차는 다음과 같다.

《 이사회의 소집 및 결의 절차 》

절차	일정 및 결의 사항 등	결의서 등
이사회	• d-7 : 이사회 소집 통지	• 이사회 소집 통지서
소집 동의	• d-0 : 이사회소집 이사·감사 전원 동의 시	• 이사회 소집 총 이사·감사전원 동의서
이사회	• d-0 : 이사회 소집 및 결의	• 이사회의사록

🔵 이사회의 결의기준

개별 임원의 상여금 지급기준을 정한 임원상여금지급규정 제정을 위한 이사회의 결의는 이사 과반수 출석과 출석이사 과반수의 찬성으로 제정한다.

- 이사 과반수의 출석
- 출석이사 과반수의 찬성

⁘ 이사의 의결권 제한

임원상여금규정 제정의 이사회 결의 시 당사자인 이사는 의결권을 행사할 수 없다. 이에 따라 당사자인 이사의 의결권 수는 출석한 이사의 의결권의 수에 산입하지 아니한다(상법§391, §371②).

계산 예 : (총이사 5명, 출석이사 5명, 의결권 제한자 2명)

- 이사회 출석이사 수 계산 : 5명(출석), 이사회 성립
- 출석이사의 과반수 계산 : 3명(출석), 3명(찬성), 가결

⁘ 이사의 의결권 제한 예외

다만, 주주겸임원이 의결권 제한 규정을 적용하여 주주총회의 결의로 임원의 보수한도를 결정하고 그에 따른 임원상여금규정을 이사회의 결의로 제정할 때에 당사자인 이사의 의결권을 재제한하지 않는다.

- 이사회 결의 임원상여금규정 제정 : 당사자 이사의 의결권 제한 미적용

④ 이사회의 임원상여금규정 결의서 작성 예시

● 이사회결의서 작성 예시

이사회의사록

코페하우스 주식회사는 정관에 의하여 이사회를 소집하여 다음과 같이 의결하였다.

1. 소집

  1-1. 일시: 202×년 2월 10일, 오전 10시:00분

  1-2. 장소: 서울특별시 강남구 테헤란로 1 코페하우스 본사 회의실

  1-3. 출석: 이사, 감사

    - 이사의 수: 3명　　　　- 출석이사: 3명

    - 감사의 수: 1명　　　　- 출석감사: 1명

  (첨부1) 이사회 출석 명부

2. 개회

정관에 의하여 대표이사 ○○○이 이사회 의장으로서 등단하여 의결정족수 이사의 출석으로 이사회가 적법하게 성립됨을 알리고 202 년 2월 10일 오전 10시 10분에 이사회의 개회를 선언하다.

3. 의결

제1호 의안 : 임원상여금규정 승인 건

의장은 임원상여금의 지급기준 및 금액을 정한 (첨부2) 임원상여금지급규정에 의하여 지급함을 설명하고 이를 의안으로 상정하여 심의 및 결의를 요청하여 출석이사 전원이 찬성하여 승인으로 가결하다.

  (첨부2) 임원상여금지급규정

4. 폐회

의장은 위와 같이 이사회의 안건을 모두 심의 및 결의하였음으로 총회의 종

료를 알리고 오전 11시:00분에 이사회의 폐회를 선언하다.

위와 같이 이사회 의결을 명확하게 하기 위하여 경과요령에 대한 의사록을 작성하고 의장과 이사, 감사가 서명 또는 기명날인으로 증명한다.

(첨부1) 이사회명부

(첨부2) 임원상여금지급규정

202×년 2월 10일

(회 사 명) 코페하우스 주식회사

(소 재 지) 서울특별시 강남구 테헤란로 1

(대표이사)　　　　　　　(인)

(사내이사)　　　　　　　(인)

(사내이사)　　　　　　　(인)

(감　　사)　　　　　　　(인)

5장

중소기업 임원퇴직금규정
작성과 제정

5장은

중소기업의 임원퇴직금규정 설계 · 작성 · 제정 방법을 제시한다.

- 임원 퇴직금의 결정과 지급기준
- 정관의 임원퇴직금규정 위임과 직접 규정 작성
- 지급률별 임원퇴직금규정의 설계와 작성
- 중소기업의 임원퇴직금규정 결의와 제정

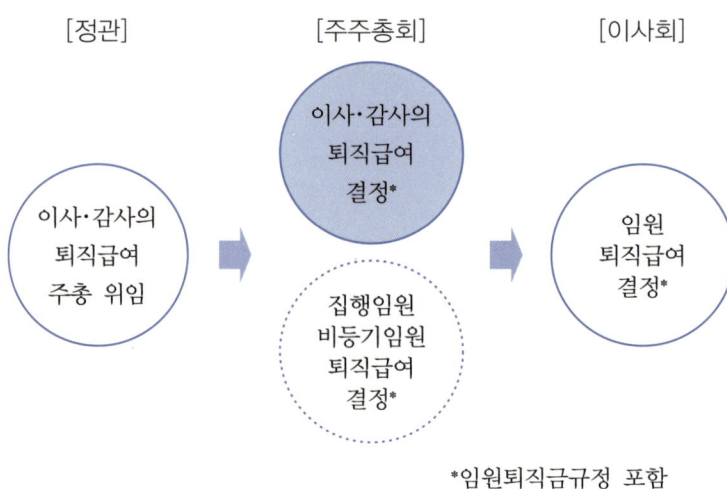

1절 임원 퇴직금의 결정과 지급기준

1 상법상 임원 퇴직금의 결정기준

1) 이사의 퇴직금 결정기준

이사의 퇴직금은 상법에 규정된 보수에 포함되어 정관으로 정하거나 주주총회의 결의에 의하여 정할 수 있고 이러한 퇴직금 청구권은 이사가 퇴직할 때 유효하게 적용되는 정관의 퇴직금 규정이나 주주총회의 퇴직금 지급 결의가 있을 때 비로소 발생한다(대법원 2006.5.25., 2003다16092, 16108).

《 이사의 퇴직금 결정기준 》

구분	이사의 퇴직금 결정	법규
이사의 퇴직금	• 이사의 보수는 정관에 그 액을 정하지 아니한 때에는 주주총회의 결의로 이를 정한다.	상법 제388조

◉ 정관의 이사 퇴직금 직접규정

정관에 이사의 퇴직금을 임원 포괄보수 한도 이내에서 또는 별도로 직접 명시하여 규정할 수 있다. 정관에 이사의 퇴직금 또는 계산방법 등을 직접 규정할 수 있다.

• 정관에 이사의 퇴직급여 계산 방법과 금액을 규정

◉ 정관의 이사 퇴직금 위임규정

정관에 이사의 퇴직금을 임원 포괄보수 한도 이내에서 또는 별도로 주주총회의 결의로 정함을 위임하여 규정할 수 있다.

• 정관에 이사의 퇴직금 결정을 주주총회의 결의로 정함을 위임

🔵 주주총회의 이사 퇴직금 결정기준

주주총회의 결의로 이사의 퇴직금을 결정할 수 있다. 주주총회의 결의로 개별 이사의 퇴직금을 결정하거나, 개별 이사의 퇴직금 지급기준을 임원퇴직금규정으로 제정하여 그에 따라 이사의 퇴직금으로 지급할 수 있다.

- 이사의 퇴직금 등 주주총회 결의
- 이사의 퇴직금 지급기준을 정한 임원퇴직규정 제정 결의

🔵 이사회의 이사 퇴직금 결정기준

주주총회에서 이사의 포괄보수 한도를 결정하고, 이사의 퇴직금 결정을 이사회의 결의로 위임한 경우에 이사회의 결의로 개별 이사의 퇴직금 또는 임원퇴직금규정을 결의 및 제정하여 개별 이사의 퇴직금을 지급할 수 있다.

다만, 세법상 이사회의 결의로 정한 이사 퇴직금의 손금 한도는 다음과 같다 (법영§44④2).

이사회 결의로 지급하는 임원의 퇴직금 손금 한도
= 퇴직일 기준 1년간 총급여액의 10% × 재임연수

---

2) 감사의 퇴직금 결정기준

감사의 퇴직금 지급기준은 이사의 퇴직금 지급기준과 같다.

《 감사의 퇴직금 결정기준 》

구분	감사의 퇴직금 결정	법규
감사의 퇴직금	• 감사의 보수는 정관에 그 액을 정하지 아니한 때에는 주주총회의 결의로 이를 정한다.	상법 제415조

3) 집행임원의 퇴직금 결정기준

집행임원 설치회사의 집행임원 퇴직금은 정관 및 주주총회 또는 이사회의 결의로 결정한다(상법§408조의2③6). 집행임원의 퇴직금은 일반적으로 주주총회 결의로 정한 「임원퇴직금규정」에 집행임원 퇴직금에 관한 사항을 두어 결정한다. 또는 이사회의 결의로 정한 「임원퇴직금규정」에 의하여 결정할 수 있다.

《 집행임원의 퇴직금 결정기준 》

구분	집행임원의 퇴직금 결정	법규
집행임원의 퇴직금	• 집행임원의 보수는 정관에 규정이 없거나 주주총회의 승인이 없는 경우 이사회의 결의로 정한다.	상법 제408조의2 3항6호

다만, 이사회의 결의로 결정하는 집행임원의 퇴직금은 법인세법 시행령 제44조 제4항 제2호의 규정에 의하여 〈퇴직하는 날로부터 소급하여 총급여액의 10분의 1에 재임연수를 곱한 금액을 손금 한도〉로 한다

> 이사회 결의로 지급하는 임원의 퇴직금 손금 한도
> = 퇴직일 기준 1년간 총급여액의 10% × 재임연수

4) 비등기임원의 퇴직금 결정기준

비등기임원의 퇴직금 결정은 집행임원의 퇴직금 결정기준과 같다.

《 비등기임원의 퇴직금 결정기준 》

구분	비등기임원의 퇴직금 결정	비고
비등기임원의 퇴직금	• 비등기임원의 퇴직금은 정관에 규정이 없거나 주주총회의 승인이 없는 경우 이사회의 결의로 정한다.	상법의 집행임원의 보수결정 준용

❷ 노동법상 임원 퇴직금의 지급기준

1) 사용자 임원의 퇴직금 여부

노동법상 사용자 임원의 퇴직금에 관하여 정함이 없으며 관련 판례 및 행정해석에 의하여 법정 지급을 강제하고 있지 않다.

> • 노동법은 사용자 임원의 퇴직금에 관하여 정함이 없다.

➤ 임원퇴직금의 보수 여부

이사 등 임원에게 보수와 퇴직금을 지급하는 경우 근로기준법 소정의 임금과 퇴직금이 아니라 재직 중의 직무집행에 대한 대가로 지급되는 보수의 일종이다. (대법2001.02.23.2000다61312)

➤ 사용자 임원의 퇴직금 지급

사용자 임원에게 퇴직금을 지급하기 위해서는 정관 및 주주총회 또는 이사회의 결의로 정한 임원 퇴직금 또는 임원퇴직금규정에 의한 퇴직금이어야 한다.

- 정관 · 주주총회 · 이사회의 결의로 정한 임원 퇴직금
- 주주총회 · 이사회의 결의로 정한 임원퇴직금규정에 의한 임원퇴직금
- 주주총회 및 이사회의 선임에 따른 임용계약에 의한 임원퇴직금

2) 근로자성 임원의 퇴직금 여부

➤ 근로자성 임원의 경우

근로자성 임원은 사용종속관계에 있는 근로자로 노동법상 근로자의 퇴직금 지급 의무 대상으로 판례와 행정해석으로 판단한다. 근로자성 임원이란 사용자의 지시를 받아 근로자의 직무를 수행하는 명목상 임원을 말한다.

- 사용자의 지시로 근로하는 임원
- 근로자의 직무를 수행하는 임원
- 출근과 퇴근 등 근무시간을 통제받는 임원

- 근로계약 및 취업규칙을 적용받는 임원

- 근로자로 보는 임원은 노동법의 근로자 퇴직금 지급 대상으로 본다.

◉ 명칭만 임원인 경우

명칭만 이사와 감사일 뿐 사용자와 여전히 고용 및 종속 관계를 유지하고 있는 등 사실상 근로기준법상의 근로자에 해당하는 경우에는 이사로서 퇴직한 날을 기준으로 퇴직금 지급청구권이 발생하고, 이날부터 소멸시효가 기산된다(2001.11.27., 임금 68200-814).

3) 근로자성 임원의 퇴직금 계산과 지급

◉ 퇴직금의 계산

사용자는 퇴직하는 근로자에게 계속근로기간 1년에 대하여 30일분 이상의 평균임금을 퇴직금으로 지급하여야 한다. 평균임금은 퇴직 전 3개월 급여총액을 30일로 평균한 임금을 말한다(근퇴법 제8조 제1항).

1일 평균임금은 퇴사 전 3개월 총임금(세전)을 해당 기간 일수(89~92일)로 나눈 금액이며, 통상임금보다 낮을 경우 통상임금을 기준으로 산정한다.

> 근로자 퇴직금 = 1일 평균임금 × 30일 × (재직일수 ÷ 365)

◉ 퇴직금의 지급

회사는 근로자가 퇴직한 경우에는 그 지급 사유가 발생한 날부터 14일 이내에 퇴직금을 지급하여야 한다. 다만, 특별한 사정이 있는 경우에는 당사자 간의 합의에 따라 지급기일을 연장할 수 있다(근퇴법 제9조).

다만, 퇴직금은 근로자가 55세 이전에 퇴직하는 경우 등 근로자가 지정한 개인형퇴직연금(IRP)제도의 계정 등으로 이전하는 방법으로 지급해야 한다(근퇴법 제9조제2항).

③ 세법상 임원 퇴직금의 지급기준

◑ 정관의 임원퇴직금 지급기준

임원의 퇴직금은 정관에 퇴직급여로 지급할 금액이 정하여진 경우 또는 임원의 퇴직급여를 계산할 수 있는 기준이 기재된 경우는 정관에 정하여진 금액 및 계산기준을 초과하는 금액은 손금에 산입하지 아니한다. (법영§44④,⑤)

《 정관의 임원퇴직금 손금기준 》

구분	정관의 임원퇴직금 손금기준
정관의 임원퇴직금	• 정관에 정한 임원의 퇴직급여로 정한 금액 • 정관에 정한 임원의 퇴직급여 계산기준에 의한 금액

◑ 주주총회 결의 임원퇴직금의 지급기준

임원에게 지급하는 퇴직금이 정관에서 위임된 퇴직급여지급규정이 따로 있는 경우에는 해당 규정에 의한 금액을 초과하는 금액은 손금에 산입하지 아니한다 (법영§44⑤). 정관에서 위임된 퇴직급여지급규정이란 판례 및 행정해석 등에 의하여 주주총회의 결의로 정한 임원퇴직금규정을 말한다.

《 주주총회 결의 임원퇴직금 손금기준 》

구분	주주총회 결의 임원퇴직금 손금기준
주총결의 임원퇴직금	• 정관에서 위임된 임원퇴직금규정 • 정관의 위임으로 주총결의로 정한 임원퇴직금규정

◑ 이사회 결의 임원퇴직금의 지급기준

임원에게 지급하는 퇴직금을 이사회결의로 정하거나 임원퇴직금규정에 의한 퇴직금의 경우 임원이 퇴직하는 날부터 소급하여 1년 동안 해당 임원에게 지급한 총급여액의 10분의 1에 상당하는 금액에 근속연수를 곱한 금액을 초과하는 금액은 손금에 산입하지 아니한다(법영§44④2).

《 이사회 결의 임원퇴직금 손금기준 》

구분	이사회 결의 임원퇴직금 손금 대상
이사회 결의 임원퇴직금	• 퇴직 전 1년간 총급여의 10% × 근속연수 = 퇴직금액 내

⁘ 정관에서 위임한 이사회 결의로 임원퇴직금

임원에게 지급할 퇴직급여에 관한 기준 또는 규정을 이사회에서 정하도록 정관에서 포괄적으로 위임하고 있는 법인이 이사회의 결의에 의하여 임원퇴직급여액을 일시적 또는 일회적으로 정할 수 있는 경우에는 「퇴직 전 1년간 총급여액의 10분의 1 × 근속연수에 의한 금액을 한도」로 손금산입한다. (법인-1226, 2009.11.05)

2절 임원 보수와 퇴직금 지급의 유의사항

① 주주총회 결의 없이 퇴직연금에 불입하는 경우

이사의 보수에는 월급·상여금·퇴직금 등 명칭을 불문하고 이사의 직무수행에 대한 보상으로 지급되는 대가가 모두 포함된다(대법원 2018.5.30.2015다51968)는 판결과

퇴직한 임원에 대한 퇴직금 지급 의무를 판단함에 있어, 임원의 퇴직금 청구권은 이사가 퇴직할 때 유효하게 적용되는 정관의 퇴직금 규정 또는 주주총회의 퇴직금 지급결의가 있을 때 비로소 발생한다(대법원 2006.5.25. 2003다16092, 16108)는 판결에 의하여

이사의 퇴직에 대비하여 일정한 금액을 퇴직급여충당금으로 적립하거나 매년 퇴직연금 부담금을 불입하였더라도 주주총회 결의 없이 곧바로 이사의 퇴직금 청구권이 발생한다고 볼 수 없다.

- (서울중앙지방법원 2025.7.11.2023가합93597)

② 정관에 정한 별도의 임원퇴직금규정 경우

법인이 정관에 "별도의 임원퇴직금지급규정에 의한다"라고 정하고 정관의 위임이나 주총결의 없이 법인이 임원에게 퇴직금을 지급하면서 정관에 퇴직금지급규정에 대한 구체적인 위임사항을 규정하지 아니하고 "별도의 퇴직금지급규정에 의한다"라고만 규정하여 특정임원의 퇴직 시 동 규정을 변경·지급할 수 있는 경우에는 법인세법 시행령 제44조 제4항의 경우에 해당하지 아니하는 것임.

- (법인46012-405, 2001.02.21.)

③ 이사회 결의 임원퇴직금규정에 의한 퇴직금

이사회 결의 임원퇴직금규정의 손금 한도

정관의 위임에 따라 이사회에서 정한 퇴직금지급규정에 의하여 지급한 퇴직금은 같은령 같은 조 같은 항 제2호의 규정*에 의하여 계산한 한도액 내에서 손금산입하는 것임.

- (서면2팀-2064. 2004.10.11.)
- 구법인세법시행령 제44조3항2호: 퇴직 전 1년간 총급여의 10분의 1에 근속연수를 곱한 금액

이사회 결의로 정한 일시적 임원퇴직급여액

임원에게 지급할 퇴직급여에 관한 기준 또는 규정을 이사회에서 정하도록 정관에서 포괄적으로 위임하고 있는 법인이 이사회의 결의에 의하여 임원퇴직급여액을 일시적 또는 일회적으로 정할 수 있는 경우, 이에 따라 퇴직 임원에게 지급한 퇴직급여는 법인세법 시행령 제44조4항1호의 규정을 적용하지 아니하고 법인세법 시행령 제44조4항2호에서 정하는 금액을 한도로 손금산입하는 것임.

- (법인-1226, 2009.11.05.)
- 법인세법 시행령 제44조4항2호 : 퇴직 전 1년간 총급여의 10분의 1에 근속연수를 곱한 금액

정관의 한도액에서 이사회 결의로 임원별 퇴직급여를 정할 경우

정관에 임원별 퇴직급여 한도액을 정하고 이사회에서 임원별 퇴직급여를 정할 경우 법인세 시행령 제44조 제4항에 따라 정관에 퇴직급여로 지급할 금액이 정하여진 것으로 볼 수 있는지 여부

내국법인이 개별 임원별 퇴직급여 한도액을 정관에 정하되 근속기간, 재임 시 성과 및 임원 취임 시 약정내용 등을 감안하여 이사회에서 개별 임원별 퇴직급여를 정하는 경우에는 법인세법 시행령 제44조 4항 1호의 정관에 퇴직급여로

지급할 금액이 정하여진 경우에 해당하지 아니하는 것임.

- (법인세과-580, 2010.6.25.)

🔵 주주총회의 위임으로 이사회 결의 정한 임원퇴직금규정

정관에서 임원퇴직금의 지급을 "주주총회의 의결을 거친 임원퇴직금규정"에 의하도록 한 법인이 퇴직하는 임원에게 퇴직금을 지급함에 있어서 이사회에서 정한 임원퇴직금규정에 의하여 지급하는 경우에는 법인세법 시행령 제44조제2 항제2호에서 성하는 금액을 한도로 손금에 산입하는 것이며, 이 경우 한도를 초과함으로써 손금불산입한 금액은 이를 그 임원에 대한 상여로 처분하는 것임.

- (법인46012-3548(1998.11.19.) : 법인세영 제44조4항2호 : 퇴직 전 1년간 총 급여의 10분의 1에 근속연수를 곱한 금액

④ 정관에 임원퇴직금에 대하여 정함이 없는 경우

🔵 임원 퇴직급여 금액을 정관에 정하지 않은 경우

정관에 임원퇴직금에 관한 정함이 없이 지급하는 퇴직금 손금 산입 여부

내국법인이 임원에게 퇴직급여(퇴직위로금 등 포함)로 지급할 금액을 정관에 정하지 않은 경우에는 법인세법 시행령 제44조 4항 2호에 해당하는 금액을 초과하여 지급한 퇴직급여는 손금에 산입하지 아니하는 것임

- (서면-2016-법인-6119(2017.05.26.)
- 법인세법 시행령 제44조 2항 2호 : 퇴직 전 1년간 총급여의 10분의 1에 근 속연수를 곱한 금액

🔵 정관에 임원 퇴직급여 지급기준이 없는 경우

정관에 임원 퇴직급여 지급기준이 없는 경우 임원에 대한 퇴직급여 한도액은? 정관(정관에서 위임된 규정 포함)에 퇴직급여지급기준을 정하지 아니한 내국법인이 임원에게 지급하는 퇴직급여(퇴직위로금·퇴직공로금 포함)는 법인세법 시행령 제44조 4항 2호에 따른 한도액 범위 내에서 손금에 산입되는 퇴직급여

에 해당하는 것이나, 법인세법 시행령 제44조 4항 2호에 따라 계산한 임원퇴직금한도액을 초과하는 금액은 소득세법 시행령 제38조 제1항(2013.2.15. 대통령령 제24356호로 개정된 것)에 따라 근로소득에 해당하는 것임.

- (서면-2015-법령해석법인-1936, 2015.12.18.)
- 법인세법 시행령 제44조2항2호 : 퇴직 전 1년간 총급여의 10분의 1에 근속연수를 곱한 금액

⑤ 특정임원의 차별적 임원퇴직금규정의 경우

➡ 개인별 또는 특정임원만 퇴직금 지급률이 높은 경우

특수관계자인 특정임원에게만 정당한 사유없이 지급배수를 차별적으로 높게 정하는 경우

법인의 퇴직급여지급규정이 불특정 다수를 대상으로 지급배수를 정하지 아니하고 개인별로 지급배수를 정하는 경우에는 법인세법 시행령 제44조 제4항에서 규정하는 정관에서 위임된 퇴직급여지급규정으로 볼 수 없는 것이며, 특수관계자인 특정임원에게만 정당한 사유없이 지급배수를 차별적으로 높게 정하는 경우에는 법인세법 제52조의 부당행위계산 부인규정이 적용되는 것임

- (법인세과-450, 2010.5.14., 137-2010.2.10).

➡ 특정인 임원만 차별적 적용한 임원퇴직금규정

임원퇴직금규정을 특정인별로 규정하는 경우 특수관계자인 특정임원에게만 정당한 사유없이 지급배수를 차별적으로 높게 정하는 경우에는 법인세법 제52조의 부당행위계산 부인규정이 적용되는 것임

- (서이46012-11540, 2003.08.25, 법인46012-492, 2003.8.19).

➡ 주주 임원만 지급하는 임원퇴직금규정

회사에 3인의 임원(사장, 이사, 감사)이 있는 법인이 주주인 임원 2인(사장,

이사)에 대하여만 퇴직급여지급규정을 두면서 주주인 사장과 주주인 이사에게 지급 배수를 각각 다르게 정하고, 다른 임원에게는 퇴직금 지급을 정하지 않는 것은 규정은 정관에서 위임된 적정한 임원퇴직급여지급규정으로 보지 않는다.

- (재법인-570, 2010.7.2).

❻ 임원퇴직금규정을 개정하여 적용하는 경우

➲ 임원이 퇴직하기 직전에 임원퇴직금규정을 개정한 경우

임원이 퇴직하기 직전에 정관에서 위임한 주주총회 결의로 임원퇴직급여지급규정을 개정한 경우에 특정인만을 위한 개정이면 부당행위계산에 해당하나, 불특정 다수를 위한 개정이면 개정 이후 퇴직하는 임원에 대하여 개정된 규정을 적용한다.

- (법인세과 461-2010.5.19)

➲ 개정 임원퇴직금규정의 근속기간 적용 여부

임원퇴직금규정 개정 규정이 개정된 이후 근속연수에만 적용되는지 개정 전 근속연수 및 전체 근속연수의 적용 여부는 임원이 퇴직하기 전에 규정을 개정한 경우에 당해 규정의 개정 전까지의 근속기간에 대하여도 소급 적용 여부를 개정된 규정을 적용할 수 있는 것임.

- (서이46012-11540, 2003.08.25.)

➲ 퇴직할 때마다 지급기준이 변경되는 임원퇴직금규정

퇴직 임원에 대한 사원의 평가에 따라 지급금액이 달라지는 등 임원이 퇴직할 때마다 그 지급기준이 달라지는 것으로 볼 수 있는 규정이라면 일반적으로 적용되는 퇴직금지급규정으로 보기 어려운 것임.

- (서면-2017-법인-0214, 2017.05.26.)

⊙ 임원이 퇴직할 때마다 퇴직금 지급기준이 다른 경우

임원이 퇴직할 때마다 법인의 재정 형편을 감안하여 퇴직금을 감액하거나 퇴직 임원에 대한 사원의 평가에 따라 지급 금액이 달라지는 등 임원이 퇴직할 때마다 그 지급기준이 달라지는 규정이라면 일반적으로 적용되는 법인세 시행령 제44조 제4항의 규정에 의한 퇴직금지급규정으로 볼 수 없음.

- (서면2팀-1754, 2004.08.23.).

⑦ 임원의 퇴직금을 퇴직연금에 불입하는 경우

⊙ 임원퇴직금을 확정기여형 퇴직연금으로 지급하는 경우

내국법인이 정관이나 주주총회 또는 이사회의 결의로 정한 급여지급기준에 의하여 임원의 퇴직을 연금지급사유로 하고 임원을 수급자로 하는 확정기여형 퇴직연금의 사업자부담금으로 지출하는 금액은 법인세법 시행령 제44조의2 규정에 의하여 당해 사업연도의 소득금액 계산에서 이를 손금에 산입하는 것임.

- (법인세과-2320, 2008.09.04, 서면2팀-16, 2007.01.04)

⊙ 임원상여금을 확정기여형 퇴직연금으로 추가 지급하는 경우

정관이나 주주총회 또는 이사회의 결의로 정한 급여지급기준에 의하여 확정기여형 퇴직연금제도를 설정한 법인이 퇴직연금규약에 따라 임원 및 사용인의 상여금(법영 제43조 1항 내지 3항에 따른 상여금 제외) 중 일부 또는 전부를 사용자 부담금으로 확정기여형 퇴직연금에 추가하여 지출하는 경우 전액 손금에 산입하는 것임.

- (서면법규과-883, 2014.08.14.)

⊙ 경영성과급을 확정기여형 퇴직연금으로 지급하는 경우

확정기여형 퇴직연금제도를 설정한 내국법인이 근로자와 합의한 퇴직연금규약에 따라 임원 또는 사용인의 경영성과급 중 일부 또는 전부를 사용자 부담금으로 확정기여형 퇴직연금에 추가하여 납입하는 경우(2015.2.3. 이후 적립하는 분부터는 소득세법 시행령 제38조 제2항에 따라 적립하는 경우에 한정), 해당 부담금은 전액 손금에 산입하는 것임.

- (서면-21432, 2015.06.29)

임원퇴직금규정을 초과하는 퇴직연금 부담금의 경우

임원의 근속연수에 따라 퇴직금액을 차등 규정한 임원퇴직금규정에 따라 확정기여형 퇴직연금으로 시출하는 퇴직금 부담액이 정관 또는 주총결의로 정한 임원퇴직금규정의 퇴직급여액을 초과하는 금액은 손금산입되지 않음.

- (법인세과-618, 2009.5.25)

8 급여지급 없는 임원에게 퇴직금을 지급하는 경우

급여지급 없는 임원의 퇴직금규정의 경우 경우

급여를 지급하지 않은 임원에게 주주총회에서 의결된 임원퇴직급여지급규정(급여없이 매년 일정금액을 적립하여 퇴직 시 지급)에 따라 퇴직금을 지급하는 경우 소득구분은 "주주총회 의결 지급규정 의결내용 등이 정당한 경우" 한하여 퇴직소득에 해당하며, 이에 해당하는지는 사실 판단 사항임.

- (원천세과-2428, 2008.11.05)

무보수 근무기간을 규정한 임원퇴직금규정 타당성 여부

임원에게 지급하는 퇴직금이 무보수로 근무한 기간의 적용하거나 제외할 수 없는지는 정관에서 위임된 퇴직금지급규정은 당해 위임에 의한 임원퇴직금지급규정의 의결내용 등이 정당하고, 특정임원의 퇴직 시마다 퇴직금을 지급할 수 없는 일반적이고 구체적인 기준을 말하는 것으로, 당해 지급규정의 내용에 따라 임원퇴직 시마다 계속·반복적으로 적용하여 온 규정이어야 함.

- (서면-2017-법인-0434, 2017.05.26)

⑨ 임원 퇴직위로금의 퇴직소득 여부

◉ 경영상 문제로 희망퇴직규정에 따른 퇴직위로금

법인이 경영상의 문제로 희망퇴직 직원에 관해 퇴직금지급규정에서 위임된 희망퇴직규정에 따라 지급한 퇴직위로금은 퇴직소득임.

- (원천세과-2916, 2008.12.17)

◉ 조기퇴직으로 지급하는 명예퇴직금

내국법인이 일부 사업의 중단에 따라 우발적으로 퇴직하게 되는 임원 및 사용인에게 퇴직급여지급규정에 따라 명예퇴직금을 지급하는 경우, 퇴직급여지급규정·취업규칙 또는 노사합의에 의하여 지급받는 퇴직수당·퇴직위로금 기타 이와 유사한 성질의 급여는 퇴직금에 해당됨.

- (서면2팀-633, 2005.05.02)

◉ 사임으로 이사회의 결의로 지급하는 퇴직위로금

특정임원이 회사의 사임 권유에 의해 퇴직하는 경우 이사회의 결의(퇴직금지급규정에서 위임)로 지급받는 퇴직위로금은 근로소득에 해당함.

- (원천세과-2826, 2008.12.12)

◉ 이사회의 결의로 추가로 지급하는 퇴직위로금

법인이 임원에게 지급하는 퇴직금 중, 정관 및 퇴직급여지급규정의 지급기준에 의한 퇴직금 외에 이사회의 결의에 따라 추가로 지급하는 퇴직위로금은 손금에 산입하지 아니하고 임원에 대한 상여로 처분하는 것임.

- (제도46011-12571, 2001.08.07)

◉ 공로를 인정하여 이사회의 결의로 지급하는 퇴직위로금

재임 중 특별한 공로가 있다고 인정되는 임원에 대하여 이사회의 결의에 의해 지급하는 퇴직금 외 지급하는 퇴직위로금 등은 손금불산입 대상으로 당해

임원에 대한 상여에 해당하여 근로소득에 해당하는 것임.

- (서면1팀-1515, 2005.12.09.)

🔵 상법상 임원퇴직금규정에 의하여 퇴직금을 중간 정산한 경우

정관과 주주총회 결의를 거친 퇴직금의 중간정산을 명시한 임원퇴직금규정에 따라 퇴직금을 중간 정산한 경우, 규정 제정 및 변경의 상법상 절차를 준수했다 하더라도 세무상 처리기준은 세법에서 정한 중간정산의 요건에 해당하지 않으면 중간정산 한 임원퇴직금액은 손금부인 대상으로 임원의 퇴직일까지 업무와 무관한 가지급금으로 본다.

- (법인세과-651, 2009.05.29.).

⑩ 연봉제 조건 퇴직금 정산 후 재도입의 유의사항

🔵 연봉제 시행 중에 연봉제 조건의 퇴직금을 중간정산 한 경우

연봉제로 전환조건으로 대표이사 퇴직금을 중간정산 한 경우 이미 연봉제를 시행하고 있었다면 지급한 퇴직금은 가지급금에 해당하므로 손금에 산입할 수 없다. 임원에 대한 중간정산 퇴직금을 지급할 당시 이미 퇴직금을 포함한 연봉제를 실시하고 있었던 경우 연봉제로 전환하였다고 볼 수 없다.

- (수원지방법원-2017-구합-62557, 2017.08.29),

🔵 연봉제 조건 퇴직금 정산 후 퇴직금을 지급하는 경우

⋮⋮ 연봉제하에 퇴직금 지급은 가지급금에 해당

법인이 임원에 대한 급여를 연봉제로 전환함에 따라 향후 퇴직금을 지급하지 아니하는 조건으로 그때까지의 퇴직금을 정산하여 해당 임원에게 지급하였으나, 그 후 연봉제하에서 임원의 퇴직금지급규정을 개정하여 동 임원에게 퇴직금을 지급하는 경우 당초 연봉제 전환 시 지급한 퇴직금과 그 후 퇴직금 명목으로 지급하는 금액은 당해 임원의 실제 퇴직 시까지 그 임원에 대한 업무 무관 가

지급금으로 보는 것임. 이 경우 동 과정이 특정임원에 대한 자금대여의 목적이라고 인정되는 경우에는 가지급금 등으로 보는 것임.

- (법인세과-591, 2012.09.28)

⋯ 퇴직금 정산 후 연봉제에서 퇴직금을 지급하는 경우

법인이 임원에 대한 급여를 연봉제로 전환함에 따라 향후 퇴직급여를 지급하지 아니하는 조건으로 그때까지의 퇴직금을 중간 정산하고 이후 연봉제에서 퇴직하는 임원에게 퇴직금을 지급하는 경우 법인의 업무무관 가지급금으로 봄.

- (서이46012-10826, 2003.04.21.)

🔄 급여제도를 변경하고 퇴직금을 지급하기로 한 경우

임원에 대한 급여를 연봉제로 전환함에 따라 향후 퇴직금을 지급하지 아니하는 조건으로 그때까지의 퇴직금을 정산하여 지급한 법인이 추후 주주총회에서 임원의 급여를 연봉제 이전의 방식으로 전환하되 그 전환일로부터 기산하여 퇴직금을 지급하기로 한 경우, 당초 지급하였던 퇴직금에 대하여는 "법인의 업무와 관련 없이 지급한 가지급금 등"으로 보지 아니하는 것이나, 이 경우 동 과정이 특정임원에 대한 자금대여의 목적이라고 인정되는 경우에는 가지급금 등으로 보는 것임.

- (서면법규과-170, 2014.02.25)

🔄 연봉제 이전 급여제도로 전환하여 퇴직금을 지급할 경우

2010년에 임원에 대하여 연봉제로 전환함에 따라 향후 퇴직금을 지급하지 아니하는 조건으로 그때까지의 퇴직금을 정산하여 지급하고, 2013년 주주총회에서 임원의 급여를 연봉제 이전의 방식으로 전환하되 그 전환일부터 기산하여 퇴직금을 지급하기로 함. 이 경우 당초 퇴직금은 법인의 업무무관 가지급금 등"으로 보지 아니하는 것이나, 동 과정이 특정임원에 대한 자금대여의 목적에 의한 것이라고 인정되는 경우는 그러하지 아니하는 것임.

- (법인세과-451, 2013.08.28)

🔵 주주총회 결의로 연봉제를 이전의 급여제도를 변경한 경우

내국법인이 임원에 대한 급여를 연봉제로 전환하면서 향후 퇴직금을 지급하지 아니하는 조건으로 그때까지의 퇴직금을 정산하여 지급하고, 추후 주주총회에서 임원의 급여를 연봉제 이전의 방식으로 전환하되 그 전환일로부터 기산하여 퇴직금을 지급하기로 결의한 경우 퇴직연금 손금산입 가능함.

• (법인, 서면-2017-법인-0411; 법인세과-1626, 2017.06.22.)

🔵 급여제도를 전환하지 않고 퇴직연금을 납부하는 경우

퇴직금 없는 연봉제로 전환하면서 퇴직금을 정산하고, 해당 임원의 급여를 연봉제 이전의 방식으로 전환하지 아니하고, 임원퇴직금제도를 개정하여 퇴직연금제도에 가입하여 퇴직연금 부담금을 납부하는 경우 당초 지급하였던 중간정산 퇴직금에 대하여는 가지급금 등으로 본다.

• (서면법규과-170, 2014.02.25).

🔵 연봉제에서 퇴직연금에 가입하여 부담금을 불입하는 경우

법인이 임원에 대한 급여를 퇴직금을 지급하지 않는 조건으로 연봉제로 전환함에 따라 퇴직급여를 중간정산하고 이후 퇴직연금에 가입하여 퇴직연금 부담금을 내는 경우 현실적인 퇴직으로 보지 않는 것으로 퇴직연금 부담금은 손금산입할 수 없음.

• (법인세과-2320, 2008.09.04.)

🔵 퇴직연금에 불입하는 경우 중간정산 퇴직금의 가지급금 여부

내국법인이 임원에 대한 급여를 연봉제로 전환함에 따라 퇴직급여를 중간정산하고 이후 퇴직연금제도에 가입하여 퇴직연금 부담금을 불입하는 경우에는 현실적인 퇴직에 해당되지 않는 것이므로 당초 지급한 중간정산 퇴직금은 "법인의 업무와 관련없이 지급한 가지급금"으로 보는 것임.

• (서면법규과-170, 2014.02.25)

🔵 연봉제하에서 퇴직금제도를 변경하여 퇴직연금에 가입하는 경우

임원에 대한 급여를 연봉제로 전환함에 따라 향후 퇴직급여를 지급하지 아니하는 조건으로 그때까지의 퇴직급여를 정산하여 지급한 법인이 퇴직급여 정산일로부터 3년 후에 연봉제하에서 정관을 변경(임원퇴직금지급제도 변경)하여 임원의 퇴직을 지급사유로 하는 퇴직연금에 가입하는 경우 법인이 임원에 대한 급여를 연봉제로 전환함에 따라 퇴직급여를 중간정산하고 이후 새로 발생되는 퇴직급여는 퇴직연금에 가입하여 지급하는 경우 현실적인 퇴직으로 보지 않는 것임.

- (법인세과-870, 2011.11.03)

🔵 연봉제 조건 퇴직금 정산 후 퇴직연금에 가입한 경우

법인이 임원에 대한 급여를 퇴직금을 지급하지 않는 조건으로 연봉제로 전환함에 따라 퇴직급여를 정산하고 그 이후에 퇴직연금에 가입하여 퇴직연금 부담금을 내는 경우 현실적인 퇴직으로 보지 않는 것으로 퇴직연금 부담금은 손금산입할 수 없음.

- (법인세과-2320, 2008.09.04)

3절 정관의 임원퇴직금규정 설계와 작성

① 정관의 임원퇴직금 위임규정 개요

● 정관의 이사 퇴직금 위임규정

정관에 규정하는 이사의 퇴직금은 상법상 이사의 보수결정 규정을 준수하여 규정하여야 한다. 이사의 퇴직금은 상법(제388조)에 규정된 보수에 포함되어 정관으로 정하거나 주주총회의 결의로 정할 수 있고 이러한 퇴직금 청구권은 이사가 퇴직할 때 유효하게 적용되는 정관의 퇴직금 규정에 의하거나 주주총회의 퇴직금 지급결의가 있을 때 비로소 발생한다(대법원2006.5.25., 2003다16092, 16108).

정관에 이사의 퇴직금 결정을 주주총회의 결의로 정하는 금액 또는 계산방법을 정한 임원퇴직금규정에 의한 금액 등으로 위임을 규정할 수 있다.

* 이사의 퇴직금 결정의 위임
* 이사의 퇴직금 계산방법을 정한 임원퇴직금규정에 의한 위임

● 정관의 감사 퇴직금 위임규정

정관에 규정하는 감사의 퇴직금은 상법상 감사의 보수결정 규정을 준수하여 규정하여야 한다. 상법 제415조는 제388조 이사의 보수 결정을 감사에 준용하고 있으므로, 정관상 감사의 퇴직금 위임규정 방법은 이사의 퇴직금 위임규정 방법과 같다.

● 정관의 집행임원 퇴직금 위임규정

집행임원의 퇴직금은 정관에 규정하거나 주주총회의 승인이 없는 경우 이사회의 결의로 정한다. 일반적으로 집행임원의 퇴직금은 주주총회 또는 이사회의

결의로 정하는 임원퇴직금규정에 의한다.

또한, 회사 경영상 특별한 경우를 제외하고 정관에 집행임원의 퇴직금을 주주 총회 또는 이사회의 결의 정하는 위임규정을 두지 않는다.

🔵 정관의 비등기임원 퇴직금 위임규정

비등기임원의 퇴직금은 정관에 규정하거나 주주총회의 승인이 없는 경우 이 사회의 결의로 정한다. 일반적으로 비등기임원의 퇴직금은 주주총회 또는 이사 회의 결의로 정하는 임원퇴직금규정에 의한다.

회사 경영상 특별한 경우를 제외하고 정관에 비등기임원의 퇴직금을 주주총 회 또는 이사회의 결의로 정함을 두지 않는다.

❷ 정관의 임원퇴직금 위임규정 작성 예시

➡ 정관상 이사의 퇴직금결정 위임규정 작성 예시

정관에 규정하는 이사의 퇴직금 결정을 주주총회의 결의로 위임하는 정관규정의 작성 방법은 다음과 같다.

⚬ 작성 예시① 이사의 퇴직금 결정 위임

> 제○○조(이사의 퇴직금) 이사의 퇴직금 지급은 주주총회 결의로 정한 임원퇴직금규정에 의한다.

⚬ 작성 예시② 이사의 퇴직금 결정 위임

> 제○○조(이사의 퇴직금) 이사의 퇴직금은 주주총회 결의로 정한 임원퇴직금규정에 의하여 지급한다.

⚬ 작성 예시③ 이사의 퇴직급여 결정 위임

> 제○○조(이사의 퇴직급여) 이사의 퇴직급여 지급은 주주총회 결의로 정한 임원퇴직급여지급규정에 의하여 지급한다.

⚬ 작성 예시④ 이사의 퇴직급여 결정 위임

> 제○○조(이사의 퇴직급여) 이사의 퇴직급여는 주주총회 결의로 정한 임원퇴직금규정에 의한다.

🔵 정관상 감사의 퇴직금결정 위임규정 작성 예시

정관에 규정하는 감사의 퇴직금 결정을 주주총회의 결의로 위임하는 정관규정의 작성 방법은 다음과 같다.

✥ 작성 예시① 감사의 퇴직금 결정 위임규정

> 제○○조(감사의 퇴직금) 감사의 퇴직금 지급은 주주총회 결의로 정한 임원퇴직금규정에 의한다.

✥ 작성 예시② 감사의 퇴직금 결정 위임규정

> 제○○조(감사의 퇴직금) 감사의 퇴직금은 주주총회 결의로 정한 임원퇴직금규정에 의하여 지급한다.

✥ 작성 예시③ 감사의 퇴직급여 결정 위임규정

> 제○○조(감사의 퇴직급여) 감사의 퇴직급여는 주주총회 결의로 정한 임원퇴직급여지급규정에 의하여 지급한다.

✥ 작성 예시④ 감사의 퇴직급여 결정 위임규정

> 제○○조(감사의 퇴직급여) 감사의 퇴직급여 지급은 주주총회 결의로 정한 임원퇴직급여지급규정에 의한다.

🔵 정관상 이사와 감사 퇴직금결정 위임규정 작성 예시

정관에 규정하는 이사와 감사의 퇴직금 결정을 주주총회의 결의로 위임하는 정관규정의 작성 방법은 다음과 같다.

⁘ 작성 예시① 이사와 감사의 퇴직금 결정 위임

> 제○○조(이사와 감사의 퇴직금) ① 이사의 퇴직금 지급은 주주총회 결의로 정한 임원퇴직금규정에 의한다.
> ② 감사의 퇴직금 시급은 주주총회 결의로 정한 임원퇴직금규정에 의한다.

⁘ 작성 예시② 이사와 감사의 퇴직급여 결정 위임

> 제○○조(이사와 감사의 퇴직급여) ① 이사의 퇴직금은 주주총회 결의로 정한 임원퇴직급여지급규정에 의하여 지급한다.
> ② 감사의 퇴직금은 주주총회 결의로 정한 임원퇴직급여지급규정에 의하여 지급한다.

③ 정관의 임원퇴직금 직접규정 개요

▶ 정관상 이사의 퇴직금 직접규정

정관에 규정하는 이사의 퇴직금은 상법상 이사의 보수결정 규정을 준수하여 규정하여야 한다. 이사의 퇴직금은 상법(제388조)에 규정된 보수에 포함되어 정관으로 정하거나 주주총회의 결의로 정할 수 있고 이러한 퇴직금 청구권은 이사가 퇴직할 때 유효하게 적용되는 정관의 퇴직금 규정에 의하거나 주주총회의 퇴직금 지급결의가 있을 때 비로소 발생한다(대법원2006.5.25., 2003다16092, 16108).

정관에 이사의 퇴직금 결정을 직접 명시하여 규정할 때에는 금액 또는 퇴직금을 산출하는 계산방법 등으로 규정하여야 한다.

- 정관에 이사의 퇴직금을 명시하여 규정
- 정관에 이사의 퇴직금 계산과 지급방법 등을 명시하여 규정

▶ 정관상 감사의 퇴직금 직접규정

정관에 규정하는 감사의 퇴직금은 상법상 감사의 보수결정 규정을 준수하여 규정하여야 한다. 상법 제415조는 제388조 이사의 보수 결정을 감사에 준용하고 있으므로, 정관상 감사의 퇴직금 직접규정은 이사의 퇴직금 직접규정과 같다.

▶ 정관의 집행임원 퇴직금 직접규정

집행임원의 퇴직금은 정관에 규정하거나 주주총회의 승인이 없는 경우 이사회의 결의로 정한다. 일반적으로 집행임원의 퇴직금은 주주총회 또는 이사회의 결의로 정하는 임원퇴직금규정에 의한다.

또한, 회사 경영상 특별한 경우를 제외하고 정관에 집행임원의 퇴직금을 직접 명시하여 규정하지 않는다.

🔵 정관의 비등기임원 퇴직금 직접규정

비등기임원의 퇴직금은 정관에 규정하거나 주주총회의 승인이 없는 경우 이사회의 결의로 정한다. 일반적으로 비등기임원의 퇴직금은 주주총회 또는 이사회의 결의로 정하는 임원퇴직금규정에 의한다.

또한, 회사 경영상 특별한 경우를 제외하고 정관에 비등기임원의 퇴직금을 직접 명시하여 규정하지 아니한다.

④ 정관의 임원퇴직금 직접규정 작성 예시

● 정관상 이사의 퇴직금 직접규정 예시

정관에 이사의 퇴직금을 직접 명시하여 작성하는 방법을 예시하면 다음과 같다.

⁕ 작성 예시① 이사의 동일지급률 퇴직금 직접규정

[정 관]

제○○조(이사의 퇴직금) ① 1년 이상 재임한 이사에게 퇴직 전 1년간 총급여의 10분의 1에 재임연수를 곱한 금액을 퇴직금으로 지급한다. 산정식은 다음과 같다.

퇴직금 = 퇴직 전 1년간 총급여의 10% × 재임연수

② 제1항의 재임연수는 1년 미만의 기간은 월수로 계산하되, 1개월 미만 기간은 1개월월로 계산한다.

⁕ 작성 예시② 이사의 직위별 지급률 퇴직금 직접규정

[정 관]

제○○조(이사의 퇴직금) ① 1년 이상 재임한 이사에게 퇴직 전 3년간 총급여의 연평균급여 10분의 1을 재임연수로 곱한 금액에 지급배수를 곱한 금액을 퇴직금으로 지급한다. 산정식은 다음과 같다.

퇴직금 = 퇴직 전 3년간 총급여의 연평균급여 10% × 재임연수 × 지급배수

② 제1항의 지급배수는 직위별로 다음과 같이 적용한다.

구분	대표이사	전무이사	상무이사	이사
지급배수	3	2.5	2	1.5

③ 제1항의 재임연수는 1년 미만의 기간은 월수로 계산하되, 1개월 미만 기간은 1개월로 계산한다.

ᐧᐧ 작성 예시③ 이사의 기본급 기준 퇴직금 직접규정

[정 관]

제○○조(이사의 퇴직금) ① 1년 이상 재임한 이사에게 퇴직 시 월평균 기본급에 재임연수를 곱한 금액을 퇴직금으로 지급한다. 산정식은 다음과 같다.

퇴직금 = 퇴직 시 월평균 기본급 × 재임연수

② 제1항의 재임연수는 1년 미만의 기간은 월수로 계산하되, 1개월 미만 기간은 1개월월로 계산한다.

🔵 정관상 감사의 퇴직금 직접규정 예시

정관에 감사의 퇴직금을 직접 명시하여 작성하는 방법을 예시하면 다음과 같다.

ᐧᐧ 작성 예시① 감사의 월평균급여 기준 퇴직금 직접규정

[정 관]

제○○조(감사의 퇴직금) ① 1년 이상 근속한 감사에게 퇴직 시 월평균 급여에 재임연수를 곱한 금액을 퇴직금으로 지급한다.

② 제1항의 근속연수는 1년 미만의 기간은 월수로 계산하되, 1개월 미만의 기간은 1개월로 계산한다.

ᐧᐧ 작성 예시② 감사의 연간 총급여 기준 퇴직금 직접

[정 관]

제○○조(감사의 퇴직금) ① 1년 이상 근속한 감사에게 퇴직 전 1년간 총급의 10분의1에 재임연수를 곱한 금액을 퇴직금으로 지급한다.

② 제1항의 근속연수는 1년 미만의 기간은 월수로 계산하되, 1개월 미만의 기간은 1개월로 계산한다.

4절 지급률별 임원퇴직금규정 설계와 작성

1 임원퇴직금규정의 작성 개요

임원의 퇴직금 규정은 상법상 임원의 보수결정 규정과 세법상 퇴직급여의 손금기준을 준수하고, 또한 근로자성 임원에 대하여 노동법상 퇴직급여 지급기준과 민법상 위임규정에 의한 보수청구권을 준수하여 작성하여야 한다.

임원퇴직금의 지급 대상

임원퇴직금의 지급 대상은 이사·감사·집행임원 및 비등기임원을 정관이나 주주총회 또는 이사회의 결의로 정하거나 임원퇴직금규정으로 규정할 수 있다.

법인세법에서 정한 주식회사 등 임원으로 그 범위는 다음과 같다(법영§40①).

1. 법인의 회장, 사장, 부사장, 이사장, 대표이사, 전무이사 및 상무이사 등 이사회의 구성원 전원과 청산인
2. 합명회사, 합자회사 및 유한회사의 업무집행사원 또는 이사
3. 유한책임회사의 업무집행자
4. 감사
5. 1.~ 4.의 임원직무에 종사하는 자

위 5호에 의하여 비등기임원 등을 임원의 범위에 포함하고 있다.

임원퇴직금의 손금 대상

법인세법상 손금 대상은 임원퇴직금의 손금 범위는 퇴직하는 임원에게 퇴직 전 총급여의 10%에 근속연수를 곱한 금액을 손금으로 한다.

다만, 이를 초과하여 지급하는 임원퇴직금은 정관에 규정하거나 주주총회 결의로 정한 임원퇴직급여지급규정에 의하여 지급하는 금액을 손금으로 한다.

- 퇴직 시 연간 총급여액 × 재임연수에 의한 퇴직금
- 임원퇴직금규정에 의한 퇴직금

《 법인세법상 임원퇴직금의 손금 여부 》

임원 퇴직 금액	손금 대상의 범위
① 퇴직 전 연간 총급여의 10% × 재임연수에 의한 임원퇴직금	• 임원에게 지급하는 퇴직금 • 이사회 결의에 의한 퇴직금
② ①을 초과하는 퇴직금	• 정관에 정한 퇴직금 • 주주총회 결의로 정한 금액 또는 임원퇴직금규정에 의한 퇴직금

임원퇴직금규정의 지급률 작성

임원퇴직금규정에 규정하는 지급률은 다음과 같이 정할 수 있다. 다만, 지급률이 주주 및 특수관계인 임원에게 차별적 차등기준을 적용한 경우 최저지급률로 정한 퇴직금을 초과하는 금액은 손금불산입 대상이다.

- 동일지급률 임원퇴직금
- 복수지급률 임원퇴직금
- 직위별 지급률 임원퇴직금
- 재임기간별 지급률 임원퇴직금

임원퇴직금규정의 작성 항목

임원퇴직금규정은 총칙과 부칙, 별표와 서식 등으로 구성한다. 별표와 서식은 규정의 총칙 및 본칙에 구성하기 어려운 것을 별지에 별표와 서식으로 구성하여 작성한다. 규정의 작성 항목은 다음과 같다.

- 제정목적, 적용 범위, 지급대상
- 퇴직금의 계산방법, 지급률 및 지급배수
- 퇴직금의 중간정산
- 지급제한, 지급방법
- 시행일, 경과규정

임원퇴직금규정의 구성 체계

임원퇴직금규정은 다음과 같이 구성할 수 있다.

《 임원퇴직금규정 구성 체계 》

총칙	통칙 (총칙)	목적
		적용 범위
		용어 정의
	⇩	
	본칙	계산기준
		지급률
		지급시기
	⇩	
	보칙	지급제한
⇩		
부칙	시행일 ｜ 경과규정	
별표	별표	
서식	서식	

② 동일지급률 임원퇴직금규정 설계와 작성

◉ 지급규정의 작성 개요

퇴직하는 임원 모두에게 동일한 지급률로 퇴직금을 지급할 수 있다. 동일지급률 임원퇴직금규정은 퇴직하는 임원의 퇴직금 지급률을 직위별 등으로 차등을 두지 않고 동일하게 적용하는 방법이다.

- ㉠월평균기본급 기준 : 퇴직 시 월평균기본급 × 동일지급률
- ㉠퇴직 전 연간총급여 기준 : 퇴직 전 1년간 총급여액 10% × 동일지급률
- ㉠퇴직전 3년간 연평균급여 기준 : 퇴직 전 3년간 총급여액의 연평균급여 10% × 동일지급률

◉ 동일지급률 손금 한도

① 정관 또는 주주총회 결의 손금 대상 임원퇴직금규정의 지급률은 다음과 같다.

- 손금 한도 : 퇴직 전 3년간 총급여액의 연평균급여 10% × 근속연수 × 동일지급률 = 임원퇴직금

② 이사회의 결의 손금 대상 임원퇴직금규정의 지급률은 다음과 같다.

- 손금 한도 : 퇴직 전 1년간 총급여액의 10% × 근속연수 = 임원퇴직금

◉ 동일지급률 임원퇴직금

임원퇴직금규정에 다음과 같이 지급률을 적용할 수 있다.

구분	지급 배율
사장, 부사장	1.5
전무, 상무	1.5
본부장, 기술연구소장	1.5

📮 임원퇴직금규정 작성 예시

동일지급률 임원퇴직금 지급규정

(제정 20 . .)

〈총 칙〉

제1조(목적)

이 규정은 ○○주식회사(이하 "회사"라 한다) 회사의 임원에게 지급하는 퇴직 급여의 지급에 관한 계산과 지급기준을 정함을 목적으로 한다.

제2조(적용 범위)

이 규정은 회사에 재임하는 임원에게 적용한다.

> 이 규정은 회사에 재임하는 이사와 감사에게 적용한다.

제3조(지급 대상)

① 회사는 1년 이상 근속한 임원에게 퇴직금을 지급한다.

② 2015.12.31. 이전 연봉제 급여로 전환을 조건으로 퇴직금을 정산한 임원 이 급여제도를 변경하고 퇴직금 적용을 신청한 경우에는 승인일로부터 1 년 이상 재임한 임원에게 퇴직금을 지급한다.

제4조(퇴직금의 계산)

① 임원의 퇴직금은 퇴직 전 3년간 총급여의 연평균환산급여의 10분의 1에 근속연수를 곱하고 여기에 1.5 지급배수를 곱한 금액으로 계산식은 다음 과 같다.

> 퇴직 전 3년간 총급여의 연평균급여 10% × 근속연수 × 1.5

② 제1항의 총급여는 다음의 급여를 합한 급여로 계산한다.

1. 기본급 또는 기본연봉

2. 정기상여금

③ 제1항의 근속연수는 1년 미만은 근속 월수로, 1개월 미만은 근속은 1개월 로 계산한다.

④ 직원에서 임원으로 선임된 자는 직원의 근속기간에 대하여 직원퇴직금규정을 적용하여 계산한다.

제5조(퇴직연금의 가입)

① 회사는 임원의 동의로 확정기여형 퇴직연금제도에 가입한 임원의 연간퇴직금 해당액을 동 임원의 퇴직연금 계좌에 1년에 1회 이상 불입하여 퇴직금을 지급할 수 있다.

② 회사는 임원의 확정급여형 퇴직연금제도를 설정하여 임원퇴직금 상당액을 동 퇴직연금에 불입하여 운용할 수 있다.

제6조(퇴직금의 중간정산)

① 1년 이상 재임한 임원이 다음 각호의 어느 하나에 해당하는 경우에 퇴직금의 중간정산을 신청하면 퇴직금을 중간정산 할 수 있다.

1. 중간정산일 현재 1년 이상 주택을 소유하지 아니한 세대의 세대주인 임원이 주택을 중간정산일부터 3개월 내에 해당 주택을 취득하는 경우

2. 임원 또는 임원의 배우자 및 생계를 같이 하는 부양가족이 3개월 이상의 질병 치료 또는 요양을 필요로 하는 경우

3. 천재·지변, 그 밖에 이에 준하는 재해를 입은 경우

② 임원은 법률로 정한 근로자 퇴직금의 중간정산 사유에 해당하는 경우에 임원퇴직금의 중간정산을 신청할 수 있다.

제7조(연봉제 임원의 퇴직금 재도입)

2015.12.31. 이전 퇴직금이 포함된 연봉제로 전환하여 향후 퇴직금을 지급하지 않는 조건으로 퇴직금을 중간정산 한 임원이 퇴직금이 포함되지 않은 급여제도로 전환과 퇴직금 지급의 재적용을 신청하는 경우 주주총회 또는 이사회의 승인으로 한다.

제8조(중간정산 후 퇴직금의 기산)

① 퇴직금을 중간정산 한 임원이 퇴직하는 경우 퇴직금 중간정산 일로부터 퇴직하는 전날까지 근속기간을 퇴직금 계산기간으로 한다.

② 2015.12.31. 이전 연봉제 조건으로 퇴직금을 중간정산 한 임원이 퇴직금 지급의 재적용 승인일로부터 1년 이상 근속한 기간을 퇴직금 계산기간으

로 한다.

제9조(퇴직금의 지급)

① 회사는 퇴직한 임원에게 퇴직일로부터 14일 이내에 퇴직금을 지급한다.

② 회사는 확정기여형 퇴직연금에 가입한 임원에게 1년에 1회 이상 연간퇴직금 계산액을 임원의 퇴직연금계좌로 지급한다.

③ 회사는 임원퇴직금을 통화 또는 현금으로 임원명의 계좌로 지급한다.

제10조(지급제한)

① 비상근 임원에게는 퇴직금을 지급하니 아니한다.

② 회사는 회사 경영에 중대한 손실을 초래하여 민형사상 처벌받은 해임된 임원에게는 퇴직금을 지급하지 아니할 수 있다.

제11조 (규정의 개폐)

이 규정의 개정 및 폐지는 주주총회 결의로 한다.

〈부 칙〉

제1조(시행일)

이 규정은 202○년 ○○월 ○○일부터 시행한다.

제2조(소급적용)

이 규정의 시행일 이전부터 재임한 임원은 재임한 날부터 소급하여 이 규정을 적용한다.

③ 복수지급률 임원퇴직금규정의 설계와 작성

● 복수지급률 지급규정 작성 개요

  복수지급률 임원퇴직금규정은 퇴직하는 임원의 퇴직금의 지급률(지급배수, 지급배율)을 최저율과 최고율로 복수로 정하고, 임원이 퇴직할 때 주주총회 또는 이사회에서 지급율을 최종 결정하는 규정이다.

- ㉮지급률 : 퇴직 전 1년간 월평균 급여액 × 100%~300%
- ㉮지급률 : 퇴직 전 1년간 총급여액의 10% × 100%~300%
- ㉮지급률 : 퇴직 전 3년간 총급여액의 연평균환산액 10% × 1~3

● 복수지급률 임원퇴직금의 손금기준

① 정관 또는 주주총회 결의 손금 대상 임원퇴직금은 다음과 같다.

- 손금한도 : 퇴직 전 3년간 총급여액의 연평균급여 10% × 근속연수 × 복수지급률 중 최저률 = 퇴직금액

② 이사회의 결의 손금 대상 임원퇴직금은 다음과 같다.

- 손금한도 : 퇴직 전 1년간 총급여액의 10% × 근속연수 = 퇴직금액

● 임원퇴직금의 복수지급률 예시

  임원퇴직금규정에 복수지급률은 다음과 같이 규정할 수 있다.

구분	퇴직금 지급배수*
사장	3.0 ~ 5.0
부사장, 전무	2.0 ~ 3.0
상무	1.5 ~ 2.0
본부장, 기술연구소장	1.0 ~ 1.5

임원퇴직금규정의 구성 체계

복수지급률 임원퇴직금규정의 구성 체계는 다음과 같다.

《 복수지급률 임원퇴직금규정 구성 체계 》

총칙	통칙 (총칙)	목적
		적용 범위
		지급 대상
		⇩
	본칙	계산기준
		복수지급률
		지급기준
		⇩
	보칙	지급제한
		⇩
부칙		시행일 ㅣ 경과규정
별표		별표
서식		서식

● 임원퇴직금규정 작성 예시

복수지급률 임원퇴직금 지급규정

(제정 20 . .)

〈총 칙〉

제1조(목적)

이 규정은 ○○주식회사(이하 "회사"라 한다) 회사 임원의 퇴직금 지급에 관한 지급기준을 정함을 목적으로 한다.

제2조(적용 범위)

이 규정은 회사에 재직하는 임원에게 적용한다.

> 이 규정은 회사에 재직하는 이사와 감사에게 적용한다.

제3조(지급 대상)

① 회사는 1년 이상 재임한 임원에게 퇴직금을 지급한다.

② 2015.12.31. 이전 연봉제로 전환한 임원이 퇴직급여의 적용을 신청하는 경우에는 회사의 승인일부터 1년 이상 근속한 경우에 퇴직금을 지급한다.

제4조(퇴직금의 계산)

① 임원의 퇴직금은 퇴직 전 3년간 총급여의 연평균환산급여의 10분의 1에 근속기간 월수를 12로 나눈 근속기간을 곱하고 여기에 지급배수를 곱한 금액으로 계산식은 다음과 같다.

> 퇴직 전 3년간 총급여의 연평균급여 10% × (근속월수/12) × 지급배수

② 제1항의 총급여는 다음의 급여를 합한 급여로 계산한다.

  1. 기본급 또는 기본연봉

  2. 정기상여금

③ 제1항의 근속기간 월수는 1개월 미만은 계산하지 아니한다.

④ 직원에서 임원으로 선임된 자는 직원의 근속기간에 대하여 직원퇴직금규정을 적용하여 계산한다.

제5조(퇴직금의 지급배수)

① 제4조 제1항의 계산식에서 지급배수는 직위별로 다음과 같이 적용한다.

구분	지급배수
대표이사 사장	3.0 ~ 5.0
부사장, 전무	2.0 ~ 3.0
상무	1.5 ~ 3.0
본부장, 기술연구소장	1.0 ~ 2.0

② 제1항의 퇴직금 지급배수는 최저 지급배수를 적용한다. 다만, 이를 초과하는 지급배수는 주주총회 또는 이사회의 승인으로 한다.

제6조(퇴직연금의 가입)

① 회사는 확정기여형 퇴직연금제도를 설정하여 임원의 퇴직금을 임원명의 퇴직연금계좌로 지급할 수 있다.

② 회사는 임원의 퇴직금을 확정급여형 퇴직연금제도를 설정하여 운용할 수 있다.

제7조(퇴직금의 중간정산)

회사는 1년 이상 재임한 임원이 법률에서 정한 근로자의 퇴직금 중간정산 사유에 해당하여 퇴직금의 중간정산을 신청하는 경우에 퇴직금을 중간정산 할 수 있다.

1. 중간정산일 현재 1년 이상 주택을 소유하지 아니한 세대의 세대주인 임원이 주택을 중간정산일부터 3개월 내에 해당 주택을 취득하는 경우
2. 임원 또는 임원의 배우자 및 생계를 같이 하는 부양가족이 3개월 이상의 질병 치료 또는 요양을 필요로 하는 경우
3. 천재·지변, 그 밖에 이에 준하는 재해를 입은 경우

제8조(연봉제 임원의 퇴직금 재도입)

2015.12.31. 이전 연봉제 전환으로 퇴직금을 중간정산 한 임원이 퇴직금 지급을 신청하는 경우 주주총회 또는 이사회의 승인으로 급여제도를 전환하여 퇴직금제도를 재적용할 수 있다.

제9조(중간정산 후 퇴직금의 기산)

① 퇴직금을 중간정산 한 임원이 퇴직하는 경우 퇴직금 중간정산일부터 퇴직하는 날 전일까지 기산한다.

② 2015.12.31. 이전 연봉제 조건으로 퇴직금을 중간정산 한 임원이 재도입 후 퇴직하는 경우 주주총회 또는 이사회의 재도입 승인일로부터 퇴직하는 날 전일까지 기산한다.

제10조(퇴직금의 지급)

① 회사는 퇴직한 임원에게 퇴직일로부터 14일 이내에 퇴직금을 지급한다.

② 회사는 확정기여형 퇴직연금제도에 가입한 임원에게 1년에 1회 이상 연간퇴직금 계산액을 재직 중인 임원의 퇴직연금 계좌로 지급한다.

③ 회사는 임원의 퇴직금을 통화 또는 현금으로 직접 지급하거나 임원명의 계좌로 지급한다.

제11조(퇴직금의 지급제한)

① 비상근 임원에게는 퇴직금을 지급하니 아니한다.

② 2015.12.31. 이전 퇴직금을 포함한 연봉제로 전환한 임원에게는 퇴직금을 지급하지 아니한다.

③ 회사 경영에 중대한 손실을 초래하여 해임된 임원에게는 퇴직금을 지급하지 아니한다.

제12조 (규정의 개정)

이 규정의 개정 및 폐지는 주주총회 결의로 한다.

〈부 칙〉

제1조(시행일)

이 규정은 202○년 ○○월 ○○일부터 시행한다.

제2조(소급적용)

이 규정의 시행일 이전부터 재임한 임원은 재임한 날부터 소급하여 이 규정을 적용한다.

④ 직위별 임원퇴직금규정의 설계와 작성

직위별 임원퇴직금규정 작성 개요

직위별 지급률 임원퇴직금규정은 퇴직하는 임원의 퇴직금의 지급률(지급배수, 지급배율)을 직위별 또는 직책별로 설정하고, 그에 따라 임원퇴직금을 지급하는 규정이다.

- ㉠지급률 : 퇴직 전 1년간 월평균 급여액 × 직위별 지급률(지급배수)
- ㉡지급률 : 퇴직 전 1년간 총급여액의 10% × 직위별 지급률
- ㉢지급률 : 퇴직 전 3년간 총급여액의 연평균환산액 10% × 직위별 지급배수

직위별 임원퇴직금의 손금 대상

① 정관 또는 주주총회 결의 손금 대상 임원퇴직금은 다음과 같다.
- 손금한도 : 퇴직 전 3년간 총급여액의 연평균급여 10% × 근속연수 × 직위별 지급률 = 퇴직금액
② 이사회의 결의 손금 대상 임원퇴직금은 다음과 같다.
- 손금한도 : 퇴직 전 1년간 총급여액의 10% × 근속연수 = 퇴직금액

임원퇴직금의 직위별 지급률

임원퇴직급규정의 직위별 지급률을 다음과 같이 규정할 수 있다.

구분	퇴직금 지급배수*
사장	3.0
부사장, 전무	2.5
상무	2.0
본부장, 기술연구소장	1.5

🔄 직위별 임원퇴직금규정의 구성 체계

직위별 임원퇴직금규정의 구성 체계는 다음과 같다.

《 직위별 임원퇴직금규정 구성 체계 》

총칙	통칙 (총칙)	목적
		적용 범위
		지급 대상

⇩

	본칙	계산기준
		직위별 지급률
		지급기준

⇩

| | 보칙 | 지급제한 |

⇩

부칙	시행일 ┃ 경과규정
별표	별표
서식	서식

직위별 임원퇴직금 지급규정

(제정 20 . .)

〈총 칙〉

제1조(목적)

이 규정은 ○○주식회사(이하 "회사"라 한다) 임원의 퇴직금 지급에 관한 계산과 지급기준 등을 정함을 목적으로 한다.

제2조(적용 범위)

① 이 규정은 회사에 재직하는 임원에게 적용한다.

② 제1항의 임원이란 주주총회에서 선임한 이사와 감사로 등기한 임원과 이사회에서 선임한 비등기임원을 말한다.

> 이 규정은 회사에 재직하는 이사와 감사에게 적용한다.

제3조(지급 대상)

① 회사는 1년 이상 근속한 임원에게 퇴직할 때 퇴직금을 지급한다.

② 회사는 임원이 법률로 정한 퇴직금의 중간정산 사유에 해당하여 중간정산을 신청한 임원에게 중간정산 퇴직금을 지급한다.

③ 2015.12.31. 이전에 연봉제 전환을 조건으로 퇴직금을 정산한 임원이 급여제도를 변경하고 퇴직급 지급을 신청한 경우 승인일로부터 1년 이상 근속한 임원에게 퇴직금을 지급한다.

제4조(퇴직금의 계산)

① 임원의 퇴직금은 퇴직 전 3년간 총급여를 연평균급여로 환산한 금액의 10분의 1에 근속기간 월수를 12로 나눈 근속기간을 곱하고 여기에 지급배수를 곱한 금액으로 계산식은 다음과 같다.

> 퇴직 전 3년간 총급여의 연평균급여액 × 1/10 × (근속기간 월수/12) × 지급배수

② 제1항의 임원의 총급여는 다음의 급여를 합산하여 계산한다.

1. 기본급 또는 기본연봉

2. 정기상여금

③ 제1항의 근속기간 월수는 1개월 미만의 근속기간은 계산하지 아니한다.

④ 직원에서 임원으로 선임된 자는 직원의 근속기간에 대하여 직원퇴직금규정을 적용하여 계산한다.

제5조(퇴직금 지급률)

제4조 제1항의 직위별 지급배수는 다음과 같다.

구분	지급률
대표이사 사장	3
전무이사	2
상무이사	1.5
본부장	1.0

제6조(퇴직연금의 가입)

① 회사는 확정기여형 퇴직연금제도를 설정하여 1년 이상 근속한 임원은 동의로 가입하여 임원의 퇴직연금 계좌를 개설할 수 있다.

② 회사는 임원의 퇴직금 지급을 위하여 확정급여형 퇴직연금제도를 설정하여 운용할 수 있다.

제7조(연봉제 임원의 퇴직금 재도입)

① 2015.12.31. 이전 연봉제로 전환하여 이후 퇴직금을 지급하지 않는 조건으로 퇴직금을 중간정산 한 임원이 급여제도의 전환과 퇴직금 지급을 신청할 수 있다.

② 제1항에 의하여 신청한 경우 주주총회 또는 이사회의 승인으로 신청한 임원의 퇴직금을 재적용할 수 있다.

제8조(퇴직금의 중간정산)

① 회사는 1년 이상 재임한 임원이 다음에 해당하는 사유로 퇴직금 중간정산을 신청하는 경우 퇴직금을 중간정산 할 수 있다.

1. 중간정산일 현재 1년 이상 주택을 소유하지 아니한 세대의 세대주인 임원이 주택을 중간정산일부터 3개월 내에 해당 주택을 취득하는 경우

2. 임원 또는 임원의 배우자 및 생계를 같이 하는 부양가족이 3개월 이

상의 질병 치료 또는 요양을 필요로 하는 경우

3. 천재·지변, 그 밖에 이에 준하는 재해를 입은 경우

② 회사는 법인세법 등 법률로 정한 직원의 퇴직금 중간정산 사유에 의한 퇴직금 지급을 강제한 경우 이를 준용하여 임원의 퇴직금을 중간정산 할 수 있다.

제9조(중간정산 후 퇴직금의 기산)

① 퇴직금을 중간정산 한 임원이 퇴직하는 경우 퇴직금 중간정산일부터 퇴직일 전날까지 근속기간을 퇴직금 계산기간으로 한다.

② 제1항 외 2015.12.31. 이전 연봉제 도입으로 퇴직금을 중간정산 한 임원이 주주총회 또는 이사회의 승인으로 퇴직금을 재도입 후 퇴직하는 경우 주주총회 또는 이사회의 승인일부터 1년 이상 근속기간부터 퇴직일 전날까지 퇴직금 계산기간으로 한다.

제10조(퇴직금의 지급)

① 회사는 퇴직한 임원의 퇴직금을 퇴직일로부터 14일 이내에 지급한다.

② 제1항의 임원퇴직금은 통화 및 현금으로 퇴직한 임원명의 급여계좌로 지급한다.

③ 회사는 확정기여형 퇴직연금제도 가입 임원의 퇴직금은 재임 중 1년에 1회 이상 가입 임원명의 퇴직연금계좌로 퇴직금 계산액을 지급한다.

제11조(퇴직금의 지급제한)

① 비상무임원과 비상근감사에게는 퇴직금을 지급하니 아니한다.

② 2015.12.31. 이전 퇴직금을 포함한 연봉제로 전환하여 이후 퇴직금이 없는 조건으로 퇴직금을 중간 정산한 임원에게는 퇴직금을 지급하지 아니한다.

③ 회사는 회사 경영에 중대한 손실을 초래하여 민형사상 처벌받아 해임된 임원에게는 퇴직금을 지급하지 아니할 수 있다.

제11조(규정의 개폐)

이 규정의 개정 및 폐지는 주주총회 결의로 한다.

〈부 칙〉

제1조(시행일)

이 규정은 202○년 ○○월 ○○일부터 시행한다.

제2조(소급적용)

이 규정의 시행일 이전부터 재임한 임원은 재임한 날부터 소급하여 이 규정을 적용한다.

⑤ 근속기간별 임원퇴직금규정의 설계와 작성

근속기간별 임원퇴직금규정 작성 개요

근속기간별 또는 재임연수별 임원퇴직금규정은 퇴직하는 임원에 대하여 근속기간별 또는 재임연수별로 퇴직금의 계산기준과 및 금액을 차등하여 지급기준을 정한 규정이다. 이는 근속기간으로 차등을 두어 회사에 장기 근속한 임원에게 퇴직금으로 보상하는 제도이다.

- ㉑지급률 : 퇴직 전 1년간 월평균 급여액 × 재임연수별 지급률(지급배수)
- ㉑지급률 : 퇴직 전 1년간 총급여액의 10% × 재임연수별 지급률
- ㉑지급률 : 퇴직 전 3년간 총급여액의 연평균환산액 10% × 재임연수별 지급배수

근속기간별 임원퇴직금의 손금 대상

① 정관 또는 주주총회 결의 손금 대상 임원퇴직금은 다음과 같다.
- 손금한도 : 퇴직 전 3년간 총급여액의 연평균급여 10% × 근속연수 × 근속기간별 지급률 = 퇴직금액

② 이사회의 결의 손금 대상 임원퇴직금은 다음과 같다.
- 손금한도 : 퇴직 전 1년간 총급여액의 10% × 근속연수 = 퇴직금액

임원퇴직금규정의 근속기간별 지급률

임원퇴직금규정의 근속기간별 지급률은 다음과 같이 정할 수 있다.

근속기간별 구분	퇴직금 지급배수
15년 이상	3.0
10년 이상	2.0
5년 이상	1.5
1년 이상	1.0

🔵 임원퇴직금규정의 구성 체계

근속기간별 임원퇴직금규정의 구성 체계는 다음과 같다.

《 근속기간별 임원퇴직금규정의 구성 체계 》

총칙	**통칙** **(총칙)**	목적
		적용 범위
		지급 대상
	⇩	
	본칙	계산기준
		근속기간별 지급률
		지급방법
	⇩	
	보칙	지급제한
	⇩	
부칙		시행일 ǀ 경과규정
별표		별표
서식		서식

근속기간별 임원퇴직금 지급규정

(제정 20 . .)

〈총 칙〉

제1조(목적)

이 규정은 ○○주식회사(이하 "회사"라 한다) 임원의 퇴직급여 지급에 관한 사항을 정함을 목적으로 한다.

제2조(적용 범위)

① 이 규정은 회사의 임원에게 적용한다.

② 제1항의 임원이란 주주총회에서 선임한 이사와 감사, 이사회에서 선임한 비등기임원을 말한다.

> 이 규정은 회사의 이사와 감사에게 적용한다.

제3조(지급 대상)

① 회사는 1년 이상 근속한 임원에게 퇴직금을 지급한다.

② 2015.12.31. 이전 연봉제 전환을 조건으로 퇴직금을 정산한 임원이 급여 조건을 변경하고 퇴직급여 적용을 신청한 경우에는 승인일로부터 1년 이상의 근속한경우에 퇴직금을 지급한다.

제4조(퇴직금의 계산)

① 임원의 퇴직금은 퇴직 전 3년간 총급여의 연평균환산급여의 10분의 1에 근속기간 월수를 12로 나눈 근속기간을 곱하여 여기에 지급배수를 곱한 금액으로 계산식은 다음과 같다.

> 퇴직 전 3년간 총급여의 연평균급여액 × 1/10 × (근속기간 월수/12) × 지급배수

② 제1항의 총급여는 다음의 급여를 합하여 계산한다.

1. 기본급 또는 기본연봉
2. 정기상여금

③ 제1항의 근속기간 월수는 1개월 미만의 근속기간은 계산하지 아니한다.

④ 직원에서 임원으로 선임된 자는 직원의 근속기간에 대하여 직원퇴직금규정을 적용하여 계산한다.

제5조(퇴직금 지급률)

제4조 제1항의 임원퇴직금 산정의 지급배수는 다음의 근속기간별 지급배수로 한다.

근속기간 구분	지급배수
재임 근속연수 1년 이상	1.0
재임 근속연수 5년 이상	1.5
재임 근속연수 10년 이상	2.0
재임 근속연수 15년 이상	2.5
재임 근속연수 20년 이상	3.0

제6조(퇴직연금의 가입)

① 회사는 확정기여형 퇴직연금제도를 설정하여 1년 이상 재임한 임원은 동의로서 확정기여형 퇴직연금에 가입할 수 있다.

② 회사는 확정기여형 퇴직연금제도를 설정하여 임원의 퇴직금을 운용할 수 있다.

제7조(연봉제 임원의 퇴직금 재도입)

① 2015.12.31. 이전 급여제도를 연봉제로 전환으로 퇴직금을 정산한 임원이 퇴직금을 포함하지 않은 급여제도로 전환하는 경우 퇴직금 지급 재적요을 신청할 수 있다.

② 제1항의 급여제도 전환과 퇴직금 지급 재적용은 주주총회 또는 이사회의 승인으로 한다.

제8조(퇴직금의 중간정산)

회사는 1년 이상 재임한 임원은 법률로 정한 퇴직금 중간정산의 사유에 해당하는 경우 퇴직금 중간정산을 신청할 수 있다.

제9조(중간정산 후 퇴직금의 기산)

① 퇴직금을 중간정산 한 임원이 퇴직하는 경우 퇴직금을 중간정산일부터 퇴직한 전날까지 근속기간을 퇴직금 계산기간으로 한다.

② 2015.12.31. 이전 연봉제로 전환하여 퇴직금을 정산한 임원이 퇴직금 지급을 재도입하고 퇴직하는 경우 주주총회 또는 이사회의 재도입 승인일부터 1년 이상 근속기간을 퇴직금을 계산기간으로 한다.

제9조(퇴직금의 지급)

① 회사는 퇴직한 임원에게 퇴직금을 14일 이내에 지급한다.

② 회사는 임원의 퇴직금을 통화 및 현금으로 퇴직한 임원명의 급여계좌로 지급한다.

③ 회사는 확정기여형 퇴직연금제도 가입 임원의 퇴직금 계산액을 근속기간 1년에 1회 이상 임원의 연금계좌로 지급한다.

제10조(지급제한)

① 비상근감사와 비상무임원에게는 퇴직금을 지급하니 아니한다.

② 2015.12.31. 이전 급여제도를 퇴직금이 포함 된 연봉제로 전환하여 퇴직금을 정산한 임원에게는 퇴직금을 지급하지 아니한다.

③ 회사는 회사 경영에 중대한 손실을 초래하여 민형사상 처벌받아 해임된 임원에게는 퇴직금을 지급하지 아니한다.

제11조 (규정의 개폐)

이 규정의 개정 및 폐지는 주주총회 결의로 한다.

〈부 칙〉

제1조(시행일)

이 규정은 202○년 ○○월 ○○일부터 시행한다.

제2조(소급적용)

이 규정의 시행일 이전부터 재임한 임원은 재임한 날부터 이 규정을 소급하여 적용한다.

5절 임원퇴직위로금규정 설계와 작성

① 임원퇴직위로금규정의 작성 개요

🔹 임원퇴직위로금의 개요

회사는 임원의 퇴직위로금을 정관에 정하거나 주주총회 또는 주주총회의 위임으로 이사회의 결의로 지급할 수 있다. 또한, 주주총회의 결의로 정한 임원퇴직위로금규정 또는 주주총회의 위임으로 사회의 결의로 정한 임원퇴직위로금규정에 의하여 퇴직위로금을 지급할 수 있다.

- 정관에 정한 퇴직위로금
- 주주총회의 결의로 정한 임원퇴직금규정에 의한 퇴직위로금
- 주주총회의 위임으로 이사회의 결의로 정한 임원퇴직위로금규정에 의한 퇴직위로금 등

🔹 임원퇴직위로금의 지급 대상

일반적으로 임원에게 퇴직위로금을 지급하는 경우는 퇴직금을 지급하지 아니하는 임원, 임기 만료 전에 퇴직하는 임원, 사업 중단으로 퇴직하는 임원 등에게 퇴직에 따른 위로금을 지급한다.

임원퇴직위로금의 지급 대상은 다음과 같다.

- 퇴직금이 없는 1년 이내 근속기간의 임원
- 계약기간 만료 전에 명예퇴직하는 임원
- 사업의 중단 및 종료로 퇴직하는 임원
- 경영상 구조조정으로 조기 퇴직하는 임원

🔹 임원퇴직위로금의 손금 대상

임원퇴직위로금 지급대상으로 법인세법상 손금에 산입하는 임원 퇴직위로금은 정관에 퇴직급여(퇴직위로금 등을 포함한다)로 지급할 금액이 정하여진 경우

에는 정관에 정하여진 금액으로 정관에 임원의 퇴직급여를 계산할 수 있는 기준이 기재된 경우를 포함하며, 정관에서 위임된 퇴직급여지급규정이 따로 있는 경우에는 해당 규정에 의한 금액에 의한다(법영44④1,⑤).

- 정관에 정한 퇴직위로금
- 주주총회의 결의로 정한 임원퇴직금규정에 의한 퇴직위로금
- 퇴직일 기준 연간총급여액의 10% × 재임연수에 의한 퇴직위로금

🔵 임원퇴직위로금의 손금부인

일반적으로 임원에게 지급하는 퇴직위로금은 손금부인 대상이므로 유의하여 지급하여야 한다. 손금부인 대상은 다음과 같다.

- 임원퇴직금을 지급하고 추가로 퇴직위로금을 지급하는 경우
- 비상무임원에게 퇴직위로금을 지급하는 경우
- 지급규정 없이 퇴직위로금을 지급하는 경우
- 이사회의 결의로 퇴직위로금을 지급하는 경우

② 임원퇴직위로금규정의 작성 방법

⮕ 작성 항목

임원퇴직금위로금규정은 총칙과 부칙, 별표와 서식 등으로 구성한다. 별표와 서식은 규정의 총칙 및 본칙에 구성하기 어려운 것을 별지에 별표와 서식으로 구성하여 작성한다. 규정의 작성 항목은 다음과 같다.

- 제정 목적, 적용 범위, 지급대상
- 퇴직금의 계산방법, 지급률 및 지급배수
- 퇴직금의 중간정산
- 지급제한, 지급방법
- 시행일, 경과규정

⮕ 규정의 구성 체계

임원 퇴직위로금 규정의 구성 체계는 다음과 같다.

《 임원 퇴직위로금 규정의 구성 체계 》

총칙	통칙 (총칙)	목적
		적용 범위
		퇴직위로금 지급 대상
		⇩
	본칙	퇴직위로금 지급기준
		퇴직위로금 계산기준
		퇴직위로금 지급방법
		⇩
	보칙	퇴직위로금 지급제한
		⇩
부칙		시행일 | 경과규정
별표		별표
서식		서식

임원퇴직위로금 지급규정

(제정 20   .   .)

〈총   칙〉

제1조(목적)

이 규정은 ○○주식회사(이하 '회사'라 한다) 임원의 퇴직위로금 지급에 관한 사항을 정함을 목적으로 한다.

제2조(적용 범위)

① 이 규정은 회사의 임원에게 적용한다.

② 제1항의 임원이란 주주총회에서 선임한 이사와 감사, 이사회에서 선임한 비등기임원을 말한다.

> 이 규정은 회사의 이사와 감사에게 적용한다.

제3조(지급 대상)

회사는 다음의 임원에게 퇴직위로금을 지급할 수 있다.

1. 1년 미만 근속하고 퇴직하는 임원
2. 임기 만료 전 사임으로 명예퇴직하는 임원
3. 임기 만료로 퇴직하는 무보수 임원
4. 사업중단 등으로 퇴직하는 임원
5. 경영상 구조조정으로 퇴직하는 임원
6. 기타 이사회의 결정으로 퇴직위로금을 지급하는 임원

제4조(1년 미만 근속한 임원)

회사는 초임으로 6개월 이상 1년 미만 근속하고 퇴임하는 임원에게 퇴직위로금을 다음과 같이 지급할 수 있다.

구분	퇴직위로금
6개월 이상 1년 미만 근속 임원	200만 원

제5조(이사의 명예퇴직금)

회사는 제4조의 임원을 제외하고 임기 3년의 등기이사가 2년 이상 근속하고 잔여 임기 6개월 이상을 두고 사임으로 명예퇴직하는 등기이사에게 퇴직위로금을 다음과 같이 지급할 수 있다.

구분	퇴직위로금
대표이사	6개월분의 급여
전무이사	4개월분의 급여
상무이사	3개월분의 급여
이사	2개월분의 급여

제6조(비등기임원의 명예퇴직금)

회사는 제4조의 임원을 제외하고 임기 2년의 비등기임원이 1년 이상 근속하고 잔여 임기 6개월 이상을 두고 사임으로 명예퇴직하는 비등기임원에게 퇴직위로금을 다음과 같이 지급할 수 있다.

구분	퇴직위로금
본부장	2개월분의 급여
기술연구소 소장	2개월분의 급여
기타직 비등기임원	1개월분의 급여

제7조(비상근감사의 위로금)

회사는 제4조의 임원을 제외하고 임기 3년의 등기감사가 2년 이상 근속하고 잔여 임기 6개월 이상을 두고 사임으로 퇴임하는 등기감사에게 퇴직위로금을 다음과 같이 지급할 수 있다. 다만, 퇴직금을 지급하는 등기감사에게는 위로금을 지급하지 아니한다.

구분	퇴직위로금
등기 감사	120만원

제8조(이사회 결정 퇴직위로금)

회사는 제4조 제5조 제6조 제7조의 임원을 제외하고 퇴임하는 임원에게 퇴직위로금을 이사회의 결의로 다음의 한도에서 지급할 수 있다.

구분	퇴직위로금
퇴임 임원	기본급 3개월 이내

제9조(지급일)

① 회사는 임원의 퇴직위로금을 퇴직일로부터 14일 이내에 지급한다. 다만, 특별한 사정이 있는 경우 1개월 이내에 지급할 수 있다.

② 회사는 임원의 퇴직위로금은 통화 및 현금으로 퇴직하는 임원명의 계좌로 지급한다.

제10조(지급제한)

① 회사는 다음에 해당하는 임원에게 퇴직위로금을 지급하지 아니한다.

　1. 이사회에서 징계처분으로 해임된 임원

　2. 법원의 판결로 형사상 처벌을 받은 임원

　3. 제1항 또는 제2항에 준하는 행위를 한 임원

② 회사는 이사회의 결의로 퇴직위로금을 지급하지 않을 수 있다.

제11조(감액 등)

회사는 이사회의 결의로 임원에게 지급하는 퇴직위로금을 감액 또는 증액하거나 지급하지 아니할 수 있다.

제12조 (규정의 개폐)

이 규정의 개정 및 폐지는 주주총회 결의로 한다.

〈부 칙〉

제1조(시행일)

이 규정은 202○○년 ○○월 ○○일부터 시행한다.

6절 중소기업의 임원퇴직금규정 결의와 제정

① 주주총회의 임원퇴직금규정 결의서 작성 개요

🔵 주주총회의 소집 개요

주식회사의 주주총회는 정기주주총회와 임시주주총회로 구분하여 소집한다. 일반적으로 정기주주총회는 정관에 매사업기 종료일로부터 90일 이내에 소집 시기를 규정하여 개최한다. 임시주주총회는 필요한 경우에 수시로 소집하여 개최할 수 있다.

- 정기주주총회 : 매년 1회 일정한 시기에 이를 소집하여야 한다(상법§365①).
- 임시주주총회 : 필요한 경우에 수시로 소집할 수 있다(상법§365③).

🔵 주주총회 소집 절차

주주총회 개최는 이사회의 소집 결의로 총회소집 2주 전에 주주에게 통지하여 개최한다. 또한, 자본금 10억 미만 회사는 소집일 10일 전 통지 및 주주전원의 동의 시 언제든지 개최할 수 있다.

임원퇴직금규정 제정을 위한 주주총회의 소집 및 결의 절차는 다음과 같다.

《 주주총회 소집 절차 》

절차	일정 및 결의 사항		결의서 등
이사회	d-14	• 주주총회 소집 결의 • 주주총회 소집 통지	이사회의사록
소집 동의	d-0	• 주주총회 소집 총주주동의서 (주총 소집생략 총주주동의서)	주총소집 총주주동의서
주주총회	d-0	• 주주총회 개최 • 임원퇴직금규정 결의	주주총회의사록

🔵 주주총회 결의기준

임원퇴직금규정의 제정을 위한 주주총회의 결의는 출석한 주주 의결권 과반수와 발행주식총수 1/4 이상의 찬성으로 제정한다.

- 출석주주 의결권 과반수
- 발행주식 총수의 4분의 1

⁘ 주주겸임원의 의결권 제한

주주총회의 결의로 임원퇴직금규정 제정할 때 당사자인 임원의 의결권은 행사할 수 없다. 당사자인 의결권은 의사결정에서 의결권 수에 산입하지 아니한다 (상법§368③).

- 의결정족수(의결권수) : 불산입
- 의사정족수(발행주식총수) : 산입

⁘ 주주겸임원의 의결권 제한 예외

다만, 주주겸임원의 의결권을 제한하여 주주총회 결의로 임원 퇴직금을 포함하여 임원의 보수한도를 결정한 경우에 그에 따른 임원퇴직금규정을 주주총회의 결의로 제정할 때 주주겸임원의 의결권을 또 다시 제한하지 않는다.

- 주총결의 임원보수규정 제정 : 의결권 제한 미적용

❷ 주주총회의 임원퇴직금규정 결의서 작성 예시

➡ 주주총회결의서 작성 예시

임원퇴직금규정의 제정을 위한 주주총회결의서 작성을 예시하면 다음과 같다.

임시 주주총회의사록

코페하우스 주식회사는 정관에 의하여 주주총회를 소집하여 다음과 같이 의결하였다.

1. 소집

1-1. 일시: 202×년 3월 20일, 오전 10:00시

1-2. 장소: 서울특별시 강남구 테헤란로 1 코페하우스 본사 회의실

1-3. 출석 주주

- 주주 총수: 5명   - 발행주식 총수: 200,000주

- 출석주주 수: 5명   - 출석주주 주식 수: 200,000주

(별지1) 출석주주 명부

2. 개회

정관에 의하여 대표이사 ○○○이 의장으로서 총회를 진행하다. 의장은 위와 같이 주주가 출석하여 총회소집이 적법하게 성립됨을 알리고 당일 오전 10시 10분에 총회의 개회를 선언하다.

3. 의결

제1호 의안 : 임원퇴직금규정의 승인 건

의장은 임원의 퇴직금을 (별지2) 임원퇴직금규정에 의하여 지급 필요성을 설명하고, 이를 의안으로 상정하여 심의 및 결의를 요청하여 출석 주주 전원이 찬성하여 승인으로 가결하다.

(별지2) 임원퇴직금규정

---

4. 폐회

의장은 위와 같이 주주총회의 안건을 모두 심의 및 의결하였음을 설명하고 총회의 종료를 알리고 당일 오전 11시 00분에 임시주주총회의 폐회를 선언하다.

5. 증명

위와 같이 총회 의결의 경과요령을 명확하게 하기 위하여 의사록을 작성하고 의장과 이사가 서명 또는 기명날인으로 증명한다.

202×년 3월 20일
(회사명) 코페하우스 주식회사
(소재지) 서울특별시 강남구 테헤란로 1
(대표이사)　　　　　　　(인)
(사내이사)　　　　　　　(인)
(사내이사)　　　　　　　(인)

❷ 이사회의 임원퇴직금규정 결의서 작성 개요

🔄 이사회의 소집 개요

이사회는 각 이사가 소집한다. 그러나 이사회의 결의로 소집할 이사를 정관 등으로 소집권자를 정한 경우에는 때에는 그러하지 아니하다. 일반적으로 대표 이사를 소집권자로 정관 또는 이사회규정 등으로 정한다.

이사회를 소집함에는 회일을 정하고 그 1주간 전에 각 이사 및 감사에 대하여 통지를 발송하여야 한다. 그러나 그 기간은 정관으로 단축할 수 있다.

이사회는 이사 및 감사 전원의 동의가 있는 때에는 그 소집통지 및 절차없이 언제든지 회의할 수 있다. (상법 제390조)

- 소집시기 : 수시 또는 이사의 정기(매 3개월) 보고 시기
- 소집권자 : 정관 · 이사회규정 등으로 정한 이사
- 소집통지 : 이사회일 1주간 전에 서면으로 통지
- 소집생략 : 이사 · 감사의 전원 동의 시

🔄 이사회의 소집 절차

임원퇴직금규정 제정을 위한 이사회의 소집 및 결의 절차는 다음과 같다.

《 이사회 소집 및 결의 절차 》

절차	일정 및 결의 사항 등	결의서 등
이사회	• d-7 : 이사회 소집 통지	• 이사회 소집 통지서
소집 동의	• d-0 : 이사회소집 총이사 동의	• 이사회 소집 총이사동의서
이사회	• d-0 : 이사회 소집 및 결의 임원퇴직금규정 제정	• 이사회의사록

이사회의 결의기준

개별 임원의 퇴직금 지급기준을 정한 임원퇴직금규정 제정을 위한 이사회의 결의는 이사 과반수 출석과 출석이사 과반수의 찬성으로 제정한다.

- 이사 과반수의 출석
- 출석이사 과반수의 찬성

이사의 의결권 제한

임원상여금규정 제정의 이사회 결의 시 당사자인 이사는 의결권을 행사할 수 없다. 이에 따라 당사자인 이사의 의결권 수는 출석한 이사의 의결권의 수에 산입하지 아니한다(상법§391, §371②).

계산 예 : (총이사 5명, 출석이사 5명, 의결권 제한자 2명)

- 이사회 출석이사 수 계산 : 5명(출석), 이사회 성립
- 출석이사의 과반수 계산 : 3명(출석), 3명(찬성), 가결

이사의 의결권 제한 예외

다만, 주주겸임원이 의결권 제한 규정을 적용하여 주주총회의 결의로 임원퇴직금을 포함하여 임원의 보수한도를 결정하고 그에 따른 임원퇴직금규정을 이사회의 결의로 제정할 때에 당사자인 이사의 의결권을 재제한하지 않는다.

- 이사회 결의 임원퇴직금규정 제정

④ 이사회의 임원퇴직금규정 결의서 작성 예시

🔵 이사회결의서 작성 예시

이사회의사록

코페하우스 주식회사는 정관에 의하여 이사회를 소집하여 다음과 같이 의결하였다.

1. 소집

　1-1. 일시: 202×년 2월 10일, 오전 10시:00분

　1-2. 장소: 서울특별시 강남구 테헤란로 1 코페하우스 본사 회의실

　1-3. 출석: 이사

　　　- 이사의 수: 3명　　　　　　　- 출석이사: 3명

　(별지1) 출석이사 명부

2. 개회

정관에 의하여 대표이사 ○○○이 의장으로서 이사회 회의를 진행하다. 의장은 위와 같이 이사회 소집 의결정족수 이사의 출석으로 이사회의 소집이 적법하게 성립됨을 알리고 당일 오전 10시 10분에 이사회의 개회를 선언하다.

3. 의결

제1호 의안 : 임원퇴직금규정의 승인 건

의장은 임원퇴직금을 (별지2) 임원퇴직금규정에 의하여 지급의 필요성을 설명하고 이를 의안으로 상정하여 심의 및 결의를 요청하여 출석이사 전원이 찬성하여 승인으로 가결하다.

　(별지2) 임원퇴직금규정

4. 폐회

의장은 위와 같이 이사회의 안건을 모두 심의 및 결의하였음으로 총회의 종료를 알리고 당일 오전 11시:00분에 이사회의 폐회를 선언하다.

5. 증명

위와 같이 이사회의 의결을 명확하게 하기 위하여 경과요령에 대한 의사록을 작성하고 의장과 이사, 감사가 서명 또는 기명날인으로 증명한다.

202×년 2월 10일

(회 사 명) 코페하우스 주식회사
(소 재 지) 서울특별시 강남구 테헤란로 1
(대표이사)   (인)
(사내이사)   (인)
(사내이사)   (인)
(감   사)   (인)

- 강석원. KOFE 회사규정집(19판). 코페하우스
- 강석원. 총무인사 업무매뉴얼. 코페하우스
- 강영식. 인사노무 관리실무. 코페하우스
- 송옥렬. 상법강의, 홍문사 2022
- 안상근. 법인세실무해설. 코페하우스
- 윤강욱. 근로자퇴직급여보장법 해설. 법제처
- 이철송. 회사법, 박영사 2022
- 임재연. 회사법2, 박영사 2022
- 최준선. 회사법, 삼영사 2022
- 한정봉. 노무관리4대핵심실무. 코페하우스
- 홍복기. 회사법강의, 법문사 2021

- 박정국. 임원보수공시제도에 대한 소고, 서울법학 제23권제1호, 서울대학교법학연구소, 2015
- 송민경·윤진수·정재규, 개인별 임원 보수의 사업보고서 기재현황분석, BFL제65호, 서울대학교금융법센터, 2015
- 윤영신. 주주총회 승인결의가 없는 경우 이사의 보수지급 청구권 퇴직위로금을 중심으로, 중앙법학 제6집제호, 중앙법학회 2014.12
- 이다원. 임원보수공시에 관한 현황 분석 및 제도 점검, CGS Report 제5권제7호, 한국기업지배구조원, 2015
- 정경영. 이사보수환수에 관한 회사법적 검토(대법원 2015.9.10.선고2015 다213308 판결) 법조통권 제20호, 법조협회, 2016.12

- 기업공시 질의회시. 금융감독원
- 노동관계법 질의회시. 고용노동부
- 법인세법, 소득세법 등 질의회시. 기획재정부, 국세청
- 상법·회사법 관련 판례. 대법원, 법제처 국가법령정보센터

저자 소개

강 석 원

현재 중소기업의 성장전략과 경영법무를 컨설팅하는 KOFE HOUSE 대표 겸 KOFE 임원보수규정센터 소장이다. 연세대학교 동 대학원에서 경영 법무를 전공 및 졸업하고, 전 기획재정부 근무, 한국재정경제연구소 국장·실장·소장을 역임하였다.

1992년부터 현재까지 700여 기업과 단체 등의 〈임원 보수 제 규정〉을 작성·교육·컨설팅 등을 수행하였다. 다수의 기업과 대학 등에서 회사법, 경영법무, 경영관리, 경영전략, 인사관리, 조직관리, 기업윤리, 창업과 경영, 사업계획, 목표관리, 회사규정 설계와 작성, 스톡옵션 부여와 행사 등의 과목과 분야에 출강하고 있다.

저서로 KOFE 회사규정집, 총무인사 업무매뉴얼, 경영관리매뉴얼, 개인기업의 법인전환, 인사노무관리, 사업계획서 작성, 기업경영입문, 취업규칙과 근로계약, 주식매수선택권 부여와 행사, 목표관리실무 등 다수가 있다.

논문으로 "취업규칙의 변경에 대한 문제점에 관한 연구(연세대학교)" 등이 있다.

📍 임원 보수 제 규정 작성·교육·컨설팅 안내

KOFE 임원보수규정센터
전화 02) 562-4355   팩스 02) 552-2210
메일 kofe@kofe.kr   홈페이지 www.kofe.kr

임원 보수와 퇴직금 규정 작성매뉴얼

발행일   2015년 11월 15일 1판 1쇄 발행
            2026년 02월 15일 6판 1쇄 발행

저자   강석원
발행처   한국재정경제연구소 《코페하우스》
출판등록   제2-584호(1988.6.1)

주소   서울특별시 강남구 테헤란로 406, A-1303
전화   (02) 562 - 4355
팩스   (02) 552 - 2210
전자우편   kofe@kofe.kr
홈페이지   www.kofe.kr

ISBN   978-89-93835-91-5 (13320)

값   35,000원